Hiragana un Katakana leicht gemacht!

Lernen Sie Japanisch lesen, schreiben und sprechen mit Kana

Ein Handbuch für Anfänger + integriertes Arbeitsbuch

Daniel Akiyama

| JAPANISCH FÜR ANFÄNGER | SYSTEMATISCHER LERNANSATZ |

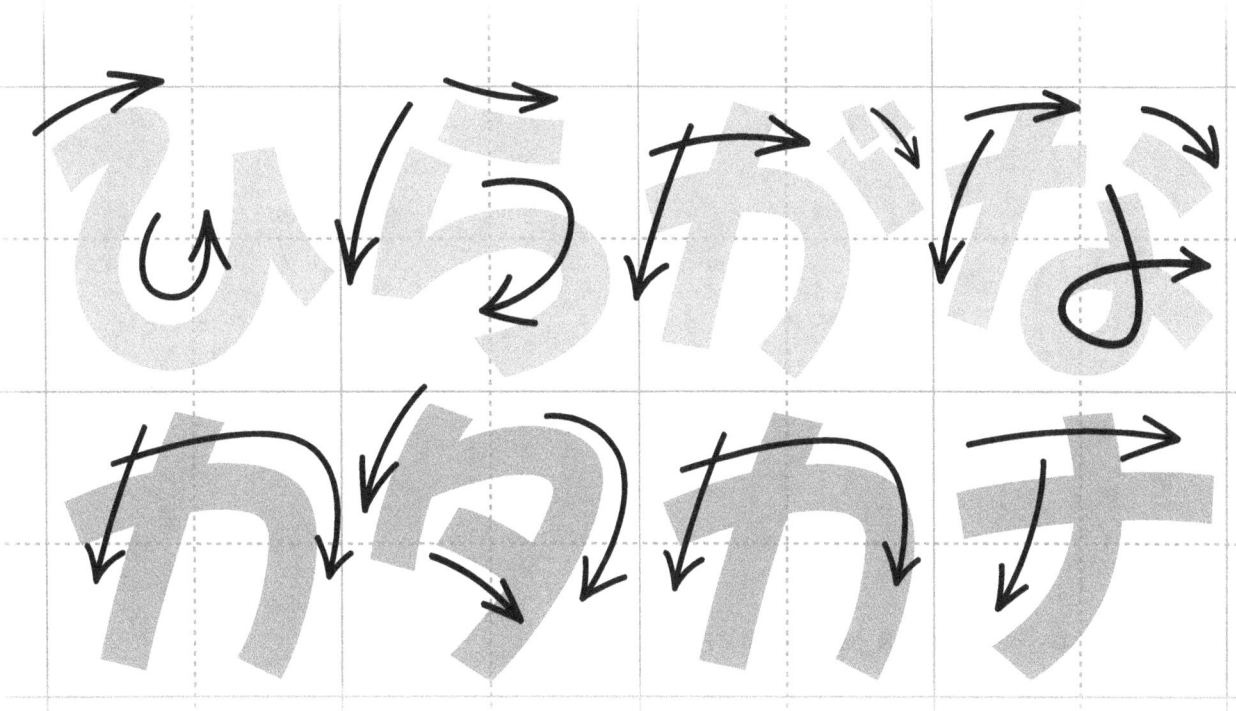

HIRAGANA + KATAKANA

LEICHT GEMACHT!

BAND 3

LERNEN SIE JAPANISCH LESEN, SCHREIBEN UND SPRECHEN MIT KANA!

ひらがな
カタカナ
漢字

- **Hiragana** und **Katakana** auswendig lernen, *schnell und intuitiv*
- Lernen Sie, **alle Laute auszusprechen**, um Japanisch zu sprechen
- **Lesen** und **Schreiben** üben, und **Gedächtnis** trainieren
- **Lernhilfen** und **Vorlagen,** die Sie beim Lernen unterstützen

LEITFADEN FÜR ANFÄNGER + INTEGRIERTES ARBEITSBUCH

DANIEL AKIYAMA

Hiragana und Katakana leicht gemacht!
Ein Handbuch für Anfänger + integriertes Arbeitsbuch
von Daniel Akiyama

ISBN: Print 978-1-7392387-9-7 (Taschenbuch)
Erste Ausgabe

**Copyright © 2022 von Daniel Akiyama.
Alle Rechte vorbehalten.**

Kein Teil des Inhalts dieser Publikation darf ohne vorherige schriftliche Genehmigung des Herausgebers und des Autors in irgendeiner Form oder mit irgendwelchen Mitteln - elektronisch, mechanisch, durch Fotokopieren, Aufzeichnen, Scannen oder auf andere Weise - reproduziert, vervielfältigt, in einem Datenabfragesystem gespeichert oder übertragen werden, es sei denn, es gelten die Bestimmungen des Urheberrechtsgesetzes der Vereinigten Staaten von Amerika und des Fair Use. Es ist Ihnen nicht gestattet, diese Publikation ohne die Zustimmung des Autors und des Verlags zu verändern, zu vertreiben, zu verkaufen, zu verwenden, zu paraphrasieren oder zu zitieren.

Haftungsbeschränkung/Gewährleistungsausschluß: Der Autor und der Verlag geben keine Zusicherungen oder Garantien in Bezug auf die Richtigkeit oder Vollständigkeit des Inhalts dieses Werkes und lehnen ausdrücklich alle Garantien ab, einschließlich, aber nicht beschränkt auf Garantien der Eignung für einen bestimmten Zweck. Es darf keine Garantie durch Verkaufs- oder Werbematerialien geschaffen oder erweitert werden.

Die hierin enthaltenen Ratschläge und Strategien sind möglicherweise nicht für jede Situation geeignet. Dieses Werk wird unter der Voraussetzung veröffentlicht und verkauft, dass der Herausgeber keine medizinischen, rechtlichen oder sonstigen professionellen Ratschläge oder Dienstleistungen anbietet. Wenn professionelle Hilfe benötigt wird, sollten die Dienste eines kompetenten Fachmanns in Anspruch genommen werden. Weder der Herausgeber noch der Autor haften für Schäden, die sich aus den in dieser Publikation enthaltenen Informationen ergeben.

Die Tatsache, dass eine Person, eine Organisation oder eine Website in diesem Werk entweder als Zitat und/oder als potenzielle Quelle für weitere Informationen genannt wird, bedeutet nicht, dass der Autor oder der Herausgeber die von der Person, der Organisation oder der Website bereitgestellten Informationen oder die von ihr/ihm abgegebenen Empfehlungen befürwortet.

Darüber hinaus sollten sich die Leser darüber im Klaren sein, dass sich die in diesem Werk aufgeführten Websites zwischen dem Zeitpunkt, an dem diese Publikation geschrieben wurde, und dem Zeitpunkt, an dem sie gelesen wird, geändert haben oder verschwunden sein können.

Inhalt

1 Einleitung 007

Japanisch lernen 009
Japanische 'Alphabete' 011
Shreiben auf Japanisch 013
Über Mnemonik 016
Silben und 'Mora' 017

2 Hiragana 019

Hiragana-Tabelle 021
Hiragana Lernen 022

3 Katakana 095

Katakana-Tabelle 097
Katakana Lernen 098

4 Zusätzliche Klänge 161

Stimmhafte Konsonanten 162
Kana-Kombinationen 164
Doppelte Buchstaben 166

5 Lernmittel 169

Schreibvorlagen 170
Flashcard-Vorlagen 185
Antwortschlüssel 199

Dankesschreiben 201

//////////////////////////////// **TEIL 1**

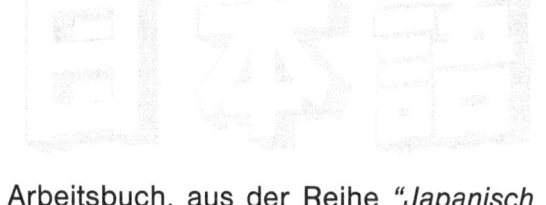

Einleitung

Willkommen zu diesem **Hiragana und Katakana** Arbeitsbuch, aus der Reihe *"Japanisch leicht gemacht."* Ich habe alle Bücher dieser Reihe so konzipiert, dass Sie schnell und einfach Japanisch lesen, schreiben und aussprechen lernen können - indem ich den Prozess vereinfache und die Informationen auf logische Weise präsentiere. Japanisch wird als neue Fremdsprache immer beliebter, auch wenn die Verwendung völlig anderer Schriftzeichen als in europäischen Sprachen eine Herausforderung sein kann.

Die Anleitungen zum Selbststudium und die Materialien in diesem Arbeitsbuch sollen Ihnen helfen, Ihre Ziele schnell zu erreichen, ganz gleich, aus welchem Grund Sie Japanisch lernen möchten. Am Ende werden Sie wissen, welche Rolle die Kana in der japanischen Sprache spielen, wie die verschiedenen Zeichen klingen und wie man sie richtig schreibt.

Über dieses Buch

Dieses Buch legt den Schwerpunkt auf Schreibübungen zum Erlernen und Einprägen von Schriftzeichen. Die meisten würden wahrscheinlich zugeben, dass die Handschrift in keiner Sprache mehr benötigt wird, da sich die meiste Kommunikation in digitale und Online-Räume verlagert hat. Beim Erlernen anderer Fremdsprachen wie Französisch oder Spanisch haben Schreibkenntnisse keine hohe Priorität, aber beim Erlernen einer Sprache mit einem völlig neuen Satz von Zeichen oder Buchstaben spielen sie eine andere Rolle.

Das Schreiben und die Wiederholung in bestimmten Abständen sind nach wie vor eines der effektivsten Mittel zum Einprägen, daher bietet dieses Arbeitsbuch Raum zum Üben der Schreibschrift. Diese Technik trägt dazu bei, das Muskelgedächtnis zu trainieren und Informationen einzuprägen, damit Sie die Formen der Schriftzeichen später besser erkennen und abrufen können. Eine saubere japanische Schrift ist eine wichtige Fähigkeit, die Sie auf natürliche Weise erlangen werden.

Es ist hilfreich, jedes Zeichen laut auszusprechen, während Sie lernen, es in der richtigen Strichfolge zu schreiben. Das wiederholte Aufschreiben der Zeichen und die Aussprache der Begriffe helfen dabei, den Formen Klänge zuzuordnen. Mnemotechniken sind ein wertvolles Hilfsmittel beim Erlernen von Kanji, also nutzen Sie den Platz auf den Kana-Seiten zum Üben - jede Verbindung, die Sie mit einem Klang, einer Form oder einer Bedeutung herstellen können, erleichtert das Einprägen der Zeichen.

Es ist immer gut, so früh wie möglich in die Sprache einzutauchen. Suchen Sie nach Möglichkeiten, japanisches Material zu lesen, zu sehen oder zu hören, auch wenn Sie es vielleicht nicht verstehen. Wenn Sie die Geräusche hören, ist es nicht mehr so schwierig, Japanisch laut auszusprechen, und die Aussprache wird natürlicher klingen.

Wie schwierig ist es?

Wenn man richtig lernt, ist Japanisch gar nicht so schwer. Viele der häufigen Probleme und Frustrationen, mit denen Lernende konfrontiert sind, werden dadurch verursacht, dass sie einfach mit der falschen Strategie beginnen. Sie entscheiden sich oft für einen schwierigen Lernweg, ohne zu wissen, dass es andere, bessere Wege gibt. Mit dem Kauf dieses Buches haben Sie bereits einen Schritt in die richtige Richtung getan.

Jeder, der mit einem Weg beginnt, der darin besteht, am Anfang zufällige Wörter oder gesprochene Sätze zu lernen, wird früher oder später verwirrt sein. Ohne zu verstehen, wie alle Teile zusammengehören, wird er wahrscheinlich viel Zeit verschwenden oder entmutigt sein, wenn der Schwierigkeitsgrad ansteigt - und das wird er.

Jeder Aspekt der Sprache funktioniert relativ logisch, daher ist es sinnvoll, auch beim Lernen systematisch vorzugehen. Dieses Buch hilft Ihnen zu verstehen, wie die gesamte Sprache funktioniert, was Ihr Studium effizienter macht und Ihnen in jeder Phase viel Zeit und Mühe erspart.

Japanisch lernen

Mit wenig oder gar keinen Kenntnissen erscheint das Erlernen der japanischen Sprache im Moment wahrscheinlich unglaublich schwierig. Deshalb wird dieses Arbeitsbuch mit den Grundlagen beginnen und zusätzliche Informationen nur dann einführen, wenn sie hilfreich sind. Dieses Kapitel beginnt mit einer kurzen Einschätzung dessen, was vor Ihnen liegt.

Grob gesagt gibt es drei Stufen des Prozesses. Jede ist anspruchsvoller als die vorherige und baut auf dem Wissen auf, das Sie auf dem Weg dorthin erworben haben - es gibt keine praktische Möglichkeit, etwas zu überspringen, aber es gibt mehr oder weniger effektive Wege, bestimmte Themen zu lernen.

1. Kana lernen

Was: Die Kana-"Alphabete" ermöglichen es Ihnen, das gesamte Japanische zu lesen und auszusprechen, da sie alles auf eine leicht verständliche Weise buchstabieren.

Wie: Einprägen der Formen und Aussprachen durch Wiederholung. Es gibt zwei Sätze mit 46 Grundsymbolen und ein paar Extras, die man später lernen kann. Das kann nur ein oder zwei Tage dauern, sollte aber nicht überstürzt werden. Üben Sie sie häufig, denn sie sind die Grundlage, auf der Sie alles andere aufbauen werden.

2. Erlernen von Kanji

Was: Die komplexeren Symbole, die ganze Wörter darstellen und einen großen Teil des Japanischen ausmachen, werden oft auf mehrere Arten ausgesprochen und haben mehrere Bedeutungen. Die Beherrschung der Kana-Schrift ist eine Voraussetzung für das Studium der Kanji.

Wie: Aufgrund der schieren Anzahl einzigartiger Zeichen dauert es zwangsläufig länger als das Erlernen von Kana. Es gibt eine Vielzahl von Wegen und Methoden, und mit der richtigen Strategie müssen sie nicht so schwierig sein, wie sie scheinen.

3. Hinzufügen von Grammatik

Was: Ausgestattet mit Kanji-Kenntnissen (oder einem Wörterbuch) können Sie viel Japanisch verstehen, wenn Sie den Satzbau kennen, andere Wortformen bilden, Partikel erkennen und respektvolle Sprache schätzen.

Wie: Wir werden uns verschiedene Wortarten und ihre Verwendung ansehen, etwas über die Konjugation von Verben lernen und einige nützliche grammatikalische Muster erkunden, die Sie in der Alltagssprache verwenden können.

Alle meine Arbeitsbücher sind in Abschnitte unterteilt, um das Lernen so effektiv wie möglich zu gestalten. Das Arbeitsbuch *Hiragana lernen* besteht aus vier Teilen, die in chronologischer Reihenfolge bearbeitet werden sollten:

Abschnitt 1

Ein Überblick über das japanische Schriftsystem, wobei zunächst erklärt wird, was die verschiedenen *"Alphabete"* oder Schriften sind und wie sie zusammengesetzt werden, um die Sprache zu bilden. Sie werden auch erfahren, wie japanische Texte im Allgemeinen geschrieben und gelesen werden.

Abschnitt 2

Im zweiten Kapitel lernen Sie alle **Hiragana**-Zeichen kennen. Es ist das erste von zwei japanischen phonetischen *"Alphabeten"* oder Silbenbüchern. Die **46 grundlegenden "Buchstaben"** sind in Gruppen mit ähnlichen Lauten unterteilt, um das Lernen zu erleichtern. Hier lernst du, wie du jedes Zeichen in der richtigen Strichfolge schreibst und wie es klingt, wenn du es sprichst. Jede Gruppe endet mit einer Reihe von Übungen, die Ihnen helfen, sich die gelernten Formen und Aussprachen einzuprägen.

Abschnitt 3

Sobald Sie die Grundschriftzeichen und die dazugehörigen Laute beherrschen, müssen Sie einige *zusätzliche Laute* lernen. Jeder dieser Laute ist einer der Basissilben recht ähnlich, und wir verwenden dieselben Zeichen, um sie darzustellen - abgesehen von ein oder zwei zusätzlichen Strichen, die die Veränderung in der Aussprache anzeigen. Wenn Sie diesen Abschnitt abgeschlossen haben, müssen Sie keine weiteren Hiragana-Zeichen mehr lernen.

Abschnitt 4

Dieser Teil des Buches enthält einige nützliche Lernhilfen, darunter leeres Rasterpapier für weitere Schreibübungen. Diese Blätter sollten für die Wiederholung der Hiragana-Zeichen nützlich sein, aber ich würde einen separaten, hochwertigen Notizblock empfehlen, sobald Sie die Kanji-Phase Ihres Japanischstudiums erreichen.

Am Ende dieses Kapitels und des gesamten Buches habe ich ein paar doppelseitige Seiten mit ausgeschnittenen Lernkarten beigefügt, mit denen Sie Ihr Gedächtnis testen können. Wenn Sie die Seiten nicht herausnehmen möchten, können Sie auch Kopien anfertigen. Sie sind nicht so groß und haltbar wie echte Karten, aber sie ersparen Ihnen zusätzliche Kosten. Sie eignen sich gut für sich allein oder als Teil einer zusätzlichen Schreibübung - vielleicht können Sie mit ihnen überprüfen, wie gut Sie sich die Strichfolge für Hiragana gemerkt haben, aber in einer zufälligen Reihenfolge.

Die 'Alphabete'

Beim Erlernen der Sprache werden Sie vier verschiedene Arten von Schriftzeichen verwenden, wobei eines davon nicht streng japanisch ist. Der Einfachheit halber werden wir jeden Satz als *"Alphabet"* bezeichnen, da dies ein vertrauteres Konzept ist, das Ihre anfänglichen Studien vereinfachen wird. Die wichtigsten Alphabete sind Hiragana, Katakana und Kanji, und sie werden häufig zusammen verwendet:

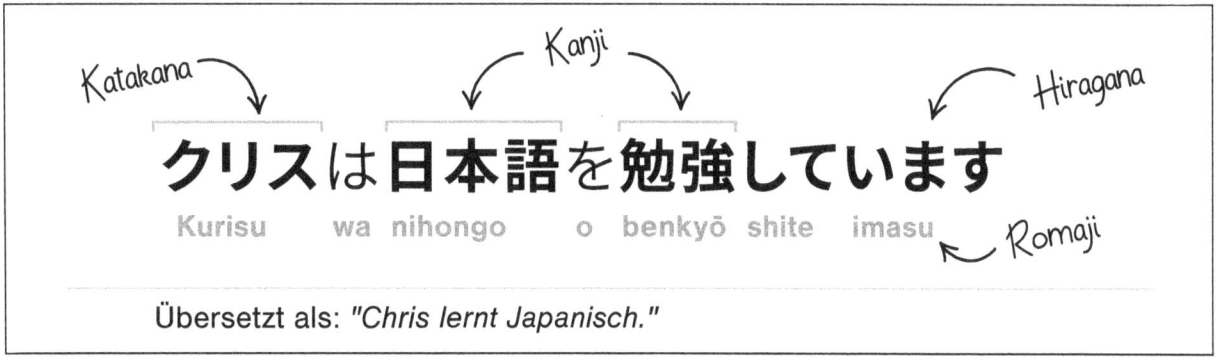

Romaji

Romaji ist die aus lateinischen Schriftzeichen bestehende Schrift, die in erster Linie dazu dient, japanische Symbole in ein für Ausländer lesbares und verständliches Format zu übersetzen. Sie veranschaulicht, wie die Sprache ausgesprochen wird, ist aber nicht vollständig mit den japanischen Lauten kompatibel und oft ungenau. Außerdem können die Romaji-Transkriptionen je nach Quelle variieren, da es mehrere Möglichkeiten gibt, Japanisch mit Romaji zu schreiben.

Da es außer zum Lernen der japanischen Aussprache kaum einen praktischen Nutzen hat, sollten Sie versuchen, Ihre Abhängigkeit von Romaji zu verringern und es aus Ihren Studien zu streichen, sobald Sie die Kana-Schrift auswendig gelernt haben. *Schließlich wollen Sie ja Japanisch lernen!*

Hiragana und Katakana

Die nächsten beiden Schriften sind eigentlich *"Silbenalphabete"*, die zusammen als Kana-Schriften bezeichnet werden und im Vergleich zu unseren lateinischen Buchstaben eindeutig japanisch aussehen. Sie bestehen jeweils aus **46 Grundzeichen** und werden in der japanischen Sprache häufig verwendet.

Die Kana-Schrift unterscheidet sich stark von anderen Alphabeten. Technisch gesehen handelt es sich bei Hiragana und Katakana um *"phonetische Silbenschriften"*, d.h. jedes Symbol steht für einen Laut und nicht für einen Buchstaben. Das bedeutet auch, dass jedes Zeichen beim Sprechen des Japanischen als separate, deutliche *"Silbe"* ausgesprochen wird. Sie sind für das Studium der Kanji *(dem 4. "Alphabet")* unerlässlich.

Japanische Texte enthalten in der Regel Zeichen aus jedem der *"Alphabete"*, aber Hiragana und Katakana werden innerhalb eines Wortes nie miteinander vermischt. Sie werden bald in der Lage sein zu erkennen, welches welches ist, aber sie sind leicht zu unterscheiden, wenn Sie sich die allgemeinen Formen ansehen.

Hiragana haben eher runde Formen und werden mit geschwungenen Linien gezeichnet oder geschrieben, ein bisschen wie Kursivschrift. **Katakana** hingegen hat eher eckige oder spitze Formen:

Für jedes Hiragana gibt es ein entsprechendes Katakana, das auf die gleiche Weise ausgesprochen wird, da beide Kana-Schriften dieselbe Menge an Silbenlauten darstellen. Die beiden Kana-Schriften haben jedoch unterschiedliche Verwendungszwecke in der Sprache:

Hiragana kann zeigen, wie man Kanji ausspricht, *indem es "Schreibweisen", aber mit Lauten,* offenbart, und wird auch verwendet, um grammatikalische Informationen zu liefern. Katakana wird hauptsächlich für die Schreibweise von Wörtern verwendet, die nicht aus Japan stammen, *d. h. Fremdwörter,* für die es keine Kanji gibt. Diese *"fremden"* Wörter können Namen, Alltagsgegenstände oder Markennamen usw. sein. Im weiteren Verlauf des Buches werden Sie mehr über die verschiedenen Arten der Verwendung der einzelnen Schriften erfahren.

Kanji

Die japanischen Kanji-Zeichen sind im Vergleich zu den Kana extrem zahlreich, es gibt Zehntausende von ihnen, und im Laufe der Zeit sind weitere hinzugekommen. Um in Japan als des Lesens und Schreibens mächtig zu gelten, muss man über zweitausend auswendig lernen, aber man kann schon mit ein paar hundert anfangen, viel Japanisch zu lesen.

Das Kanji-Schreibsystem unterscheidet sich stark von den Kana-Schriften, da die Zeichen große Bedeutungsblöcke und Vokabeln darstellen - größtenteils Verben und Substantive. Im Wesentlichen handelt es sich dabei um die Arten von Wörtern, die den größten Teil jeder Sprache ausmachen. Einige der Zeichen sehen einfach aus und ähneln in manchen Fällen sogar den Kana, aber viele Kanji sehen viel komplexer aus. Kanji werden auch kombiniert, um zusätzliche Wörter mit neuen, oft verwandten Bedeutungen zu bilden.

Die japanischen Kanji, die ursprünglich aus dem Chinesischen übernommen wurden, haben oft mehr als eine Bedeutung und werden in der Regel in mehreren Varianten ausgesprochen. Es ist leicht zu verstehen, warum Japanisch als eine der schwierigsten zu erlernenden Sprachen gilt. Das Schriftsystem ist relativ logisch aufgebaut, so dass es leichter zu lernen ist, als Sie vielleicht denken.

Schreiben auf Japanisch

Das sorgfältige Schreiben von Schriftzeichen oder Texten hilft nicht nur beim Einprägen, sondern ist auch ein Teil des Japanischlernens. Sowohl die Art als auch die Reihenfolge, in der wir Linien ziehen, können die Form und die Lesbarkeit Ihrer Schrift beeinflussen. Bevor Sie mit dem Lernen von Hiragana beginnen, finden Sie auf den folgenden Seiten einige praktische Informationen über japanische Texte und Schrift.

Textrichtung

Als Japan zum ersten Mal das Kanji-Schreibsystem aus China importierte, übernahm es die vertikale Schreibweise, wie rechts dargestellt *(A)*. Vertikaler Text wird in Spalten geschrieben und gelesen, beginnend oben rechts, von oben nach unten und von rechts nach links. Der Rücken aller Bücher, Zeitschriften und Zeitungen mit vertikalem Text befindet sich auf der rechten Seite. Im Vergleich zu englischsprachigen Büchern werden sie also von hinten nach vorne gelesen.

Das moderne Japanisch verwendet die vertrautere horizontale Schreibrichtung *(B)*. Der Text wird in Reihen von links nach rechts und von oben nach unten gelesen und geschrieben, wie in *europäischen Sprachen*, die das römische Schriftsystem verwenden.

Der Zeilenabstand verrät in der Regel die Richtung, in der ein japanischer Text angeordnet ist, er hat aber auch eine andere Funktion. In einigen Fällen werden diese Abstände verwendet, um Schreibweisen oder zusätzliche Informationen zu vermerken - dazu demnächst mehr.

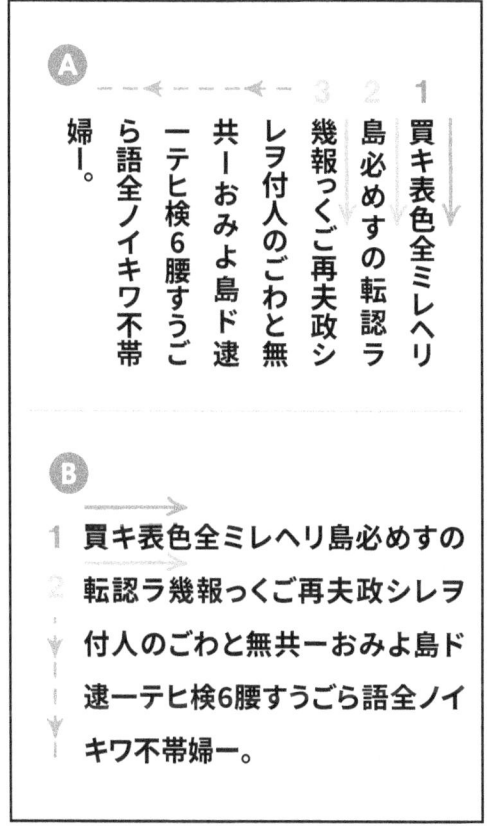

Oben: der gleiche Blindtext in (A) vertikaler und (B) horizontaler Schreibrichtung.

Strichfolge

Die Linien, aus denen die japanischen Schriftzeichen bestehen, sind alle in einer bestimmten Reihenfolge gezeichnet. Sie lernen die richtige Schreibweise der einzelnen Kana und entwickeln durch Übung ein Muskelgedächtnis.

In den meisten Fällen gelten **zwei Regeln**: Wir beginnen in der oberen linken Ecke eines Symbols und zeichnen von links nach rechts und von oben nach unten, bis wir die untere rechte Ecke erreichen.

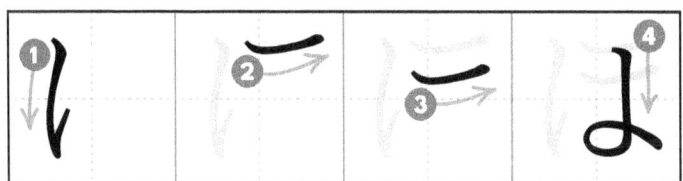

Für Kanji gibt es eine größere Anzahl von Regeln, aber das Wesentliche bleibt dasselbe - von links nach rechts, von oben nach unten. (Mehr dazu später!)

Die Textstile

Japanische Schriftzeichen können in einer Vielzahl von Stilen dargestellt werden, von verschnörkelter, gebürsteter Kalligrafie bis hin zu modernen, kühnen Schrifttypen, die auf Verpackungsdesigns zu finden sind. Auch wenn Wörter und Schriftzeichen von Ort zu Ort völlig unterschiedlich aussehen können, haben sie doch immer die gleiche Bedeutung.

So wie es für die römische Schrift eine breite Palette von Schriftarten gibt, kann auch der Stil der japanischen Symbole an verschiedene Stile, Farbtöne und Designs angepasst werden. Grundsätzlich gibt es zwei Arten von Systemschriften mit leichten, aber bemerkenswerten Unterschieden:

Serifenschriften weisen dekorative Schnörkel und unterschiedlich dicke Linien auf, um die Handschrift zu imitieren:

- Ähnlicher Stil wie [**Times New Roman**]

Serifenlose *(gotische)* Schriften sind einheitlicher oder *"schlichter"* mit gleichmäßigen Strichstärken und ohne Verzierungen:

- Ähnlicher Stil wie [**Century Gothic**]

Das Kanji 日本語 *bedeutet "Japanisch (Sprache)"*

Japanische Handschrift gibt es in allen Formen und Größen, sowohl ordentlich als auch... weniger ordentlich. Wie bei jeder Kalligrafie kann man oft sehen, wie die Zeichen geschrieben wurden, und je mehr man sich im Schreiben übt, desto einfacher wird es, die von anderen geschriebenen Zeichen zu erkennen:

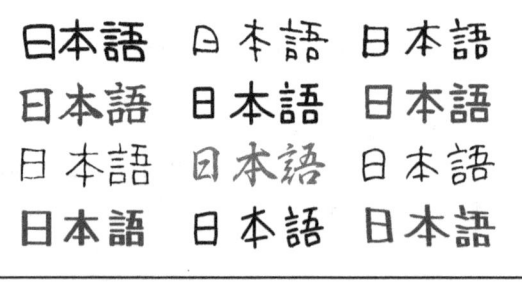

Einige modernere, kühne Schriftarten weisen übertriebene oder abstrakte Kanji-Formen auf. Die dekorativen Schnörkel dienen mehr dem Stil als der Nachahmung der Handschrift, aber die Ihnen bekannten Zeichen sind dennoch leicht zu interpretieren.

Kana und Kanji können sehr unterschiedlich aussehen, ohne ihre Bedeutung zu verlieren, solange ihre Gesamtproportionen und Formen im Verhältnis zu den anderen Zeichen gleich bleiben.

Arten von Stiftstrichen

Handgeschriebene japanische Schriftzeichen werden mit drei Arten von Federstrichen gezeichnet, die jeweils unterschiedliche Bewegungen über die Seite erfordern. Traditionell wurden die Zeichen mit Pinsel und Tinte gezeichnet, wobei Formen mit Schnörkeln und unterschiedlicher Linienstärke entstanden - das sind die Details, die wir in Serifenschriften sehen.

Es ist schwierig, dieses Aussehen mit einem Kugelschreiber oder Bleistift zu imitieren, also machen Sie sich nicht zu viele Gedanken über diese Striche. Sie sind für das tägliche Schreiben in Japan nicht entscheidend, es sei denn, Sie betreiben traditionelle Kalligrafie. Sie sollten sich darauf konzentrieren, die Zeichen in der richtigen Reihenfolge zu schreiben und eine genaue Gesamtform zu bilden.

Diese Striche werden "Stopp-Strich" oder **"tome"** genannt, von 止める *(とめる, oder Tomeru),* was *"anhalten"* bedeutet, und haben klar definierte Anfangs- und Endpunkte:

Die zweite Art von Strich, bekannt als "schwindende Strich" oder **"Harai"** kommt aus dem Japanischen 払う *(はらう, oder 'Harau'),* was *"einen schwungvollen Strich machen"* bedeutet. Er hat einen klar definierten Anfangspunkt, wird aber zum Ende hin dünner und geschwungener:

Diese Striche werden gemeinhin als **"hane"** bezeichnet, von 跳ねる *(はねる, oder Haneru)* was *"springen"* bedeutet. Diese Striche sind selbstbewusste Linien, bei denen der Stift vom Papier weggeschnippt wird, normalerweise in die entgegengesetzte Richtung:

Schreiben in diesem Buch

Dieses Arbeitsheft ist zum Beschreiben gedacht! Das Papier ist von relativ guter Qualität, aber Sie sollten versuchen, keine Marker oder Stifte mit besonders feuchter Tinte zu verwenden - die Seiten sind besser für Kugelschreiber, Bleistifte oder Gelstifte geeignet, die nicht auf die folgenden Blätter übertragen werden sollten. Prüfen Sie hier die Eignung Ihrer Schreibgeräte, um zu sehen, wie sie sich auf die folgenden Seiten auswirken:

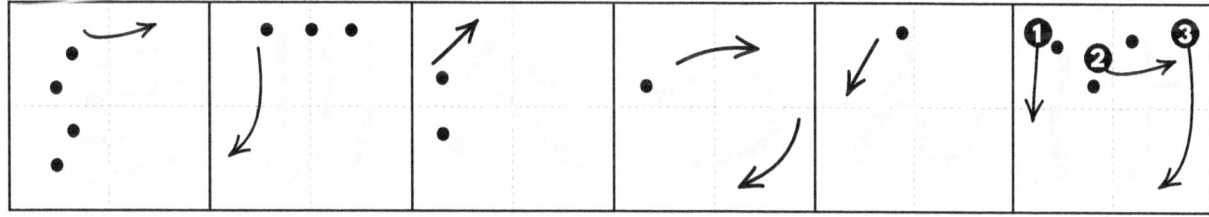

Hinweis: Ein traditioneller Pinselstift kann Ihre japanische Schrift natürlicher aussehen lassen, erfordert aber spezielleres Papier.

Über Mnemonik (Gedächtnisstütze)

Mnemotechniken sind Hilfsmittel, die beim Auswendiglernen helfen können, und sie sind besonders effektiv für diejenigen, die Japanisch lernen - wir verwenden sie, um uns zu merken, wofür die einzelnen Zeichen stehen.

Im Allgemeinen können wir eine Eselsbrücke verwenden, um entweder neue Informationen mit etwas zu verknüpfen, das wir bereits kennen, oder um einen Mechanismus zu entwickeln, der unser Gehirn dazu anregt, sich an etwas zu erinnern, das wir gerade lernen. Die Kana-Schriften sind visuelle Darstellungen von Lauten, daher ist es sinnvoll, Mnemotechniken zu entwickeln, die auf ihren Formen basieren, wenn möglich. Hier ist ein Beispiel zur Veranschaulichung:

Das Hiragana あ steht für einen *"a-"* oder *"ah"*-Laut. Wir transkribieren es als Äquivalent zum Buchstaben *"a"* in romaji, der als kurzes *"ah"* ausgesprochen wird, ähnlich wie das *"a"* in *"Vater"* oder *"Apfel"*.

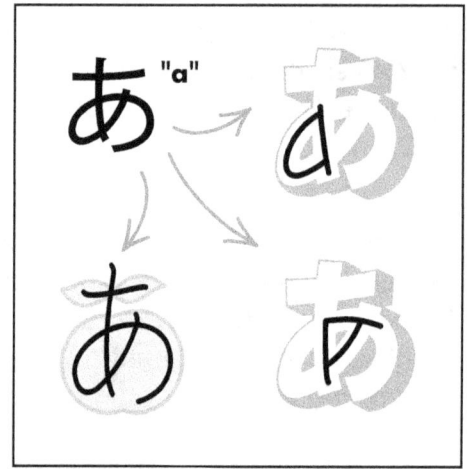

Sie können sich das あ leichter merken, wenn Sie sich vorstellen, dass es die Form eines Apfels hat *(der auch mit dem Buchstaben "A" beginnt)*. Die Formen der Buchstaben *"A"* und *"a"* verstecken sich auch im Buchstaben あ. Es spielt keine Rolle, wie vage oder offensichtlich die Verbindung ist, solange sie Sie daran erinnert, dass あ = *"a"* / oder ein *"a-Laut"* ist.

Untersuchen Sie die Form jedes neuen Symbols und den Klang, für den es steht. Suchen Sie nach unmittelbaren Verbindungen, die zwischen der Romaji-Version, der Aussprache und dem allgemeinen Erscheinungsbild hergestellt werden können. Bei einigen Formen müssen Sie vielleicht über den Tellerrand hinausschauen, aber selbst die abstraktesten Ideen lassen sich nicht so leicht vergessen, wenn sie einmal visualisiert sind.

Dieses Beispiel zeigt eine Mnemonik für das Hiragana け *("ke")*. Es wird wie das KE in **Bierkeller** ausgesprochen und hat eine Form, die einem **Fass** oder **Bierfass** ähnelt - oder *"beer **ke**g"* im Englischen:

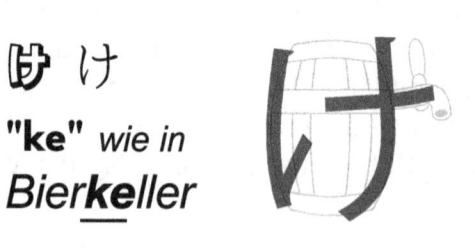

Jeder von uns hat seine eigenen Lernmethoden, und Mnemotechniken sind vielleicht nicht für jeden selbstverständlich. Wenn Beispiele ungenau oder zu albern erscheinen, können sie für einige Lernende leicht zu einem Hindernis werden, das sie schließlich von ihrer Verwendung abhält. Ich empfehle, sie erst einmal auszuprobieren, bevor man sie ganz verwirft - ein wirklich schreckliches Beispiel könnte gerade deshalb einprägsam sein, und das ist ja gerade der Sinn dieser Hilfsmittel!

Über 'Silben'

Japanisch ist eine der wenigen Sprachen, deren Aussprache auf Timing und Rhythmus beruht. Wir strukturieren die Laute um ein System von **"Mora"**, die einfach Zeiteinheiten im Kontext von Sprache und Sprechen sind. Der Einfachheit halber können Sie sich **"Morae"** (der Plural von "Mora") als Schläge vorstellen. Ein *"moraisches"* System organisiert die Lauteinheiten anders als Sprachen, die auf Silben basieren, wie etwa das Deutsche.

Jedes Kana-Zeichen steht für einen Silbenlaut, und die Aussprache dauert eine Mora oder einen Takt. Wörter, die mit zwei Kana geschrieben werden, dauern doppelt so lange wie ein Kana*, und Wörter mit drei oder vier Kana sind drei oder vier Schläge lang. Die tatsächliche Zeitspanne ist unwichtig und variiert von Person zu Person, je nachdem, wie schnell sie spricht.

Oben: Wort mit 3 Silben, 3 Mora.

Falls Sie sich fragen, was der Unterschied zwischen einer Silbe und einer Mora ist: Silben sind große Klangblöcke, die in ihrer Länge variieren können. Jede Silbe hat einen Vokal in der Mitte und Konsonanten auf einer oder beiden Seiten. Morae sind kleinere, zeitlich festgelegte Lauteinheiten, die einen Grundrhythmus bilden, nach dem wir alle Laute in der japanischen Sprache aussprechen.

Im Beispiel *(rechts)* haben die Kana getrennte Laute, die wir in der japanischen Aussprache auf zwei verschiedenen Schlägen aussprechen. Die deutsche Aussprache hat nur eine Silbe, weil das *"n"* ohne Vokal an den *"ka-"*-Laut angefügt wird. Silben im Japanischen können mehrere Mora enthalten, aber ein Mora kann nur einen Silbenlaut haben:

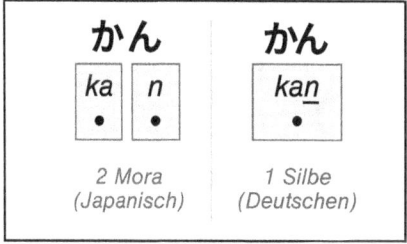

Zur weiteren Veranschaulichung: Das japanische Wort für "Lehrer" ist 先生, oder せんせい (*"Sensei"*). Dieses Wort wird auch im Deutschen verwendet, um Kampfkunstlehrer zu bezeichnen. In der deutschen Aussprache sind es zwei Lauteinheiten *(zwei Silben)*, *"sen–say"*. Wir buchstabieren die Kanji-"Lesung" *(Aussprache)* mit vier Hiragana, d.h. sie ist vier Morae lang und wird in vier gleichen Takten ausgesprochen. Morae sind die Art und Weise, wie wir zwischen langen und kurzen Silben unterscheiden:

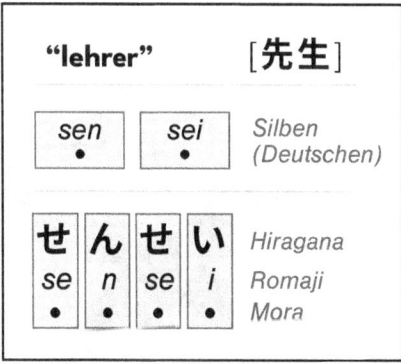

Wir sprechen Japanisch immer noch in Silben, aber die Morae diktieren das Timing, mit dem jeder Laut ausgesprochen wird. Wir sprechen die einzelnen Laute in einem festen Rhythmus (in regelmäßigen Abständen) aus, die alle ungefähr gleich lang sind. Ich hoffe, das macht Sinn, aber es kann etwas Zeit und Übung in der Sprache erfordern, um die Funktionsweise der Mora zu verstehen.

* Zwei Zeichen werden nicht immer als zwei Morae ausgesprochen, aber Sie werden in einem späteren Kapitel mehr über spezielle "Kombinations-Kana" und ihre Klänge erfahren.

///////////////////////////////// **TEIL 2**

Hiragana

In vielerlei Hinsicht ist dies das wichtigste Alphabet, das Sie lernen werden, und es ist auch das einfachste! Die Hiragana-Zeichen stehen für alle Laute, die man braucht, um Japanisch zu sprechen. Diese Schrift ist auch ein wichtiges Hilfsmittel, um im Studium voranzukommen, denn sie zeigt uns, wie man die Kanji-Zeichen lesen kann - *im Grunde "buchstabiert" man die Kanji-Wörter mit Lauten.*

Später, wenn du einige Kanji-Vokabeln gelernt hast, wirst du überall im Schriftsystem Hiragana-Zeichen finden. Sie werden an Kanji *(japanische Wörter)* angehängt, z. B. an Verben und Adjektive, um zusätzliche grammatikalische Informationen zu liefern. Hiragana werden auch als Partikel verwendet, um Sätzen Struktur zu verleihen. Bevor Sie sich jedoch mit diesen Themen befassen, müssen Sie sich vor allem das Hiragana-Alphabet einprägen!

Die Tabelle auf der rechten Seite zeigt alle **46 grundlegenden Hiragana-Symbole**, die Sie gleich lernen werden. Sie sollten sehen, dass die Vokale in Romaji auf einer Seite stehen und die Konsonanten darüber. Die meisten Symbole folgen einem einheitlichen Muster, bei dem zwei Laute miteinander kombiniert werden: ein Konsonanten *(obere Reihe)* wird einem Vokal *(rechte Spalte)* hinzugefügt, mit nur einer Ausnahme.

Dieses Muster ist der Schlüssel zur Beherrschung der Aussprache der meisten Hiragana-Zeichen. Die grundlegenden Vokallaute in der rechten Spalte werden in der gesamten Tabelle verwendet, und die nachfolgenden Konsonantenlaute werden zur Aussprache der anderen Zeichen vorangestellt. Alle Zeichen in der "A"-Reihe klingen ähnlich, z. B. "ka", "sa", "ta", usw.

Traditionelle japanische Texte werden von oben nach unten geschrieben und gelesen, von rechts nach links, Spalte für Spalte. Es wäre am besten, diese Tabelle auf die gleiche Weise zu lesen, aber in Wirklichkeit werden Sie alltägliche moderne japanische Texte von links nach rechts lesen, wie im Englischen und in vielen anderen Sprachen.

Auf den folgenden Seiten werden Sie das Alphabet in Gruppen lernen, etwa Spalte für Spalte. Wenn Sie die Buchstaben in Blöcken lernen, wird das Ganze überschaubarer. Jeder Buchstabenblock endet mit einem Wiederholungsteil, um Ihr Gedächtnis zu testen und festzustellen, wo Sie vielleicht noch mehr Übung brauchen.

Hinweise:

* ん ist das einzige Zeichen in dieser Tabelle, das wir als Silbe aussprechen, ohne einen der Vokallaute hinzuzufügen.

** を ist ein *"Partikel"* und wird für die Grammatik verwendet. Wir schreiben es als *"wo"*, aber es kann in romaji entweder als *"o"* oder *"wo"* transkribiert werden.

Hiragana

	a	i	u	e	o
	あ a	い i	う u	え e	お o
k	か ka	き ki	く ku	け ke	こ ko
s	さ sa	し shi	す su	せ se	そ so
t	た ta	ち chi	つ tsu	て te	と to
n	な na	に ni	ぬ nu	ね ne	の no
h	は ha	ひ hi	ふ fu	へ he	ほ ho
m	ま ma	み mi	む mu	め me	も mo
y	や ya		ゆ yu		よ yo
r	ら ra	り ri	る ru	れ re	ろ ro
w	わ wa		ん *n		を **wo

| S. 022 | S. 030 | S. 038 | S. 046 | S. 055 | S.~061 | S. 069 | S. 075 | S. 081 | S. 087 |

H1. Die Vokal-Spalte

Die erste Spalte der Hiragana-Grundtabelle ist wahrscheinlich die wichtigste. Wenn Sie lernen, alle fünf Zeichen dieser Gruppe richtig auszusprechen, wird der Rest viel einfacher. Diese Laute wiederholen sich im gesamten Alphabet, es lohnt sich also, jetzt etwas Zeit in das Üben dieser Gruppe zu investieren.

Symbole in diesem Lernblock.

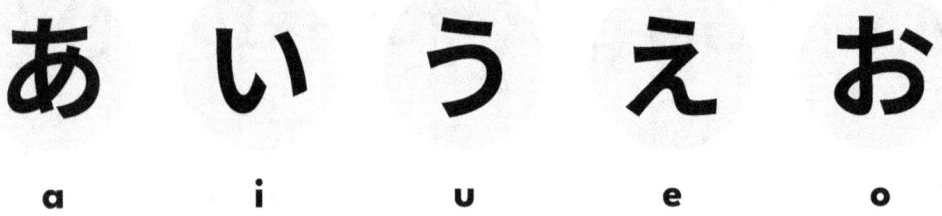

Aussprache

Die japanischen Vokallaute sind den deutschen Vokallauten recht ähnlich. Jedes der Vokalzeichen hat eine kurze, scharfe Aussprache und diese Laute sollten nicht in die Länge gezogen oder gedehnt werden. Das erste Zeichen あ wird zum Beispiel als kurzes "ah" ausgesprochen *(wie das "a" in "Apfel")* und nicht als "ahh".

Das zweite Zeichen い wird in Romaji als *"i"* transkribiert und als verkürzter *"ee"*-Laut ausgesprochen, ähnlich dem *"i"* in *"Iglu"* oder *"Igel"*.

Wenn Sie das dritte Zeichen, *"u"* oder う, aussprechen, formen Ihre Lippen eine runde Form und bewegen sich nach vorne. Es ähnelt dem *"oo"*-Laut in den Wörtern *"Pool"* und *"cool"*, ist aber kurz und scharf - es ist eine Kombination aus dem deutschen *"u"*, *"ü"* und *"ö"*.

Der Laut für das Zeichen え oder "e" ähnelt der normalen Aussprache in der Mitte eines Wortes. Es ist ein kurzer "eh"-Laut, wie das "e" in Bett.

お schließlich ist der japanische "o" und wird als kurzes "oh" ausgesprochen, ähnlich dem "o" in " Orange".

 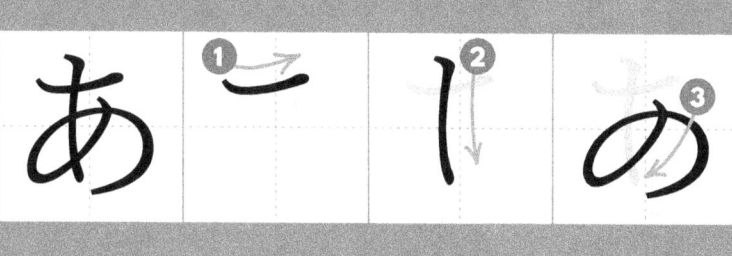

Ähnlich wie der "A"-Laut in "<u>A</u>pfel" oder "V<u>a</u>ter".

Üben Sie das Schreiben von あ mit drei Strichen, in der korrekten Strichfolge.

Achten Sie beim Schreiben von あ in kleinem Maßstab auf die Form.

Mnemonik.

Beispiele.

- Enthält den Buchstaben [**A**].
- Stellen Sie sich die Form eines <u>A</u>pfels vor.

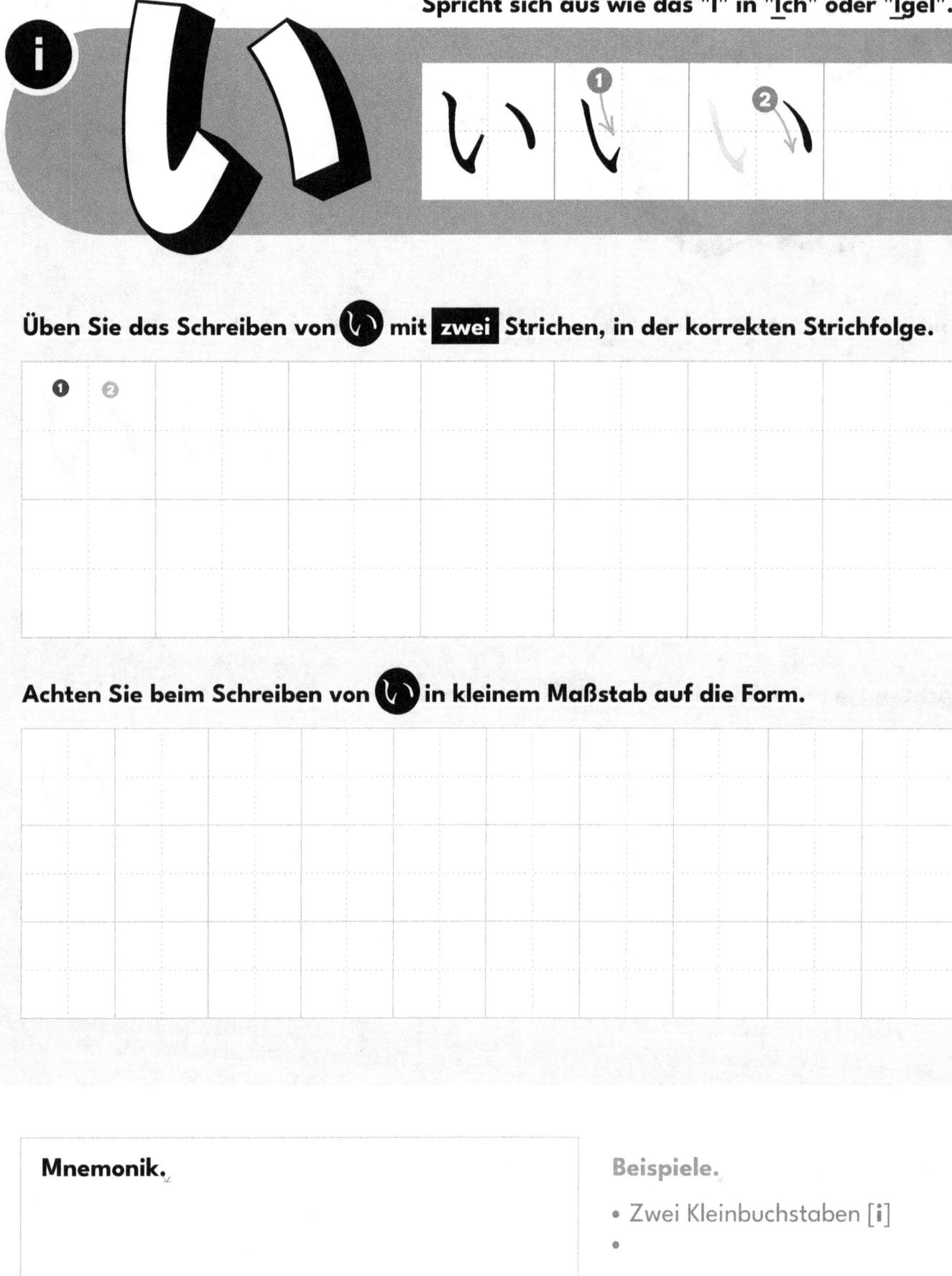

Mnemonik.

Beispiele.
- Zwei Kleinbuchstaben [i]
-

Das klingt wie das "Ü" in "Übung" oder "Über".

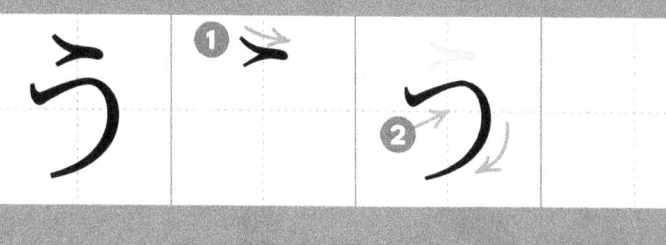

Üben Sie das Schreiben von う mit zwei Strichen, in der korrekten Strichfolge.

Achten Sie beim Schreiben von う in kleinem Maßstab auf die Form.

Mnemonik.

Beispiele.

- Der Buchstabe [u] liegt auf der Seite.
-

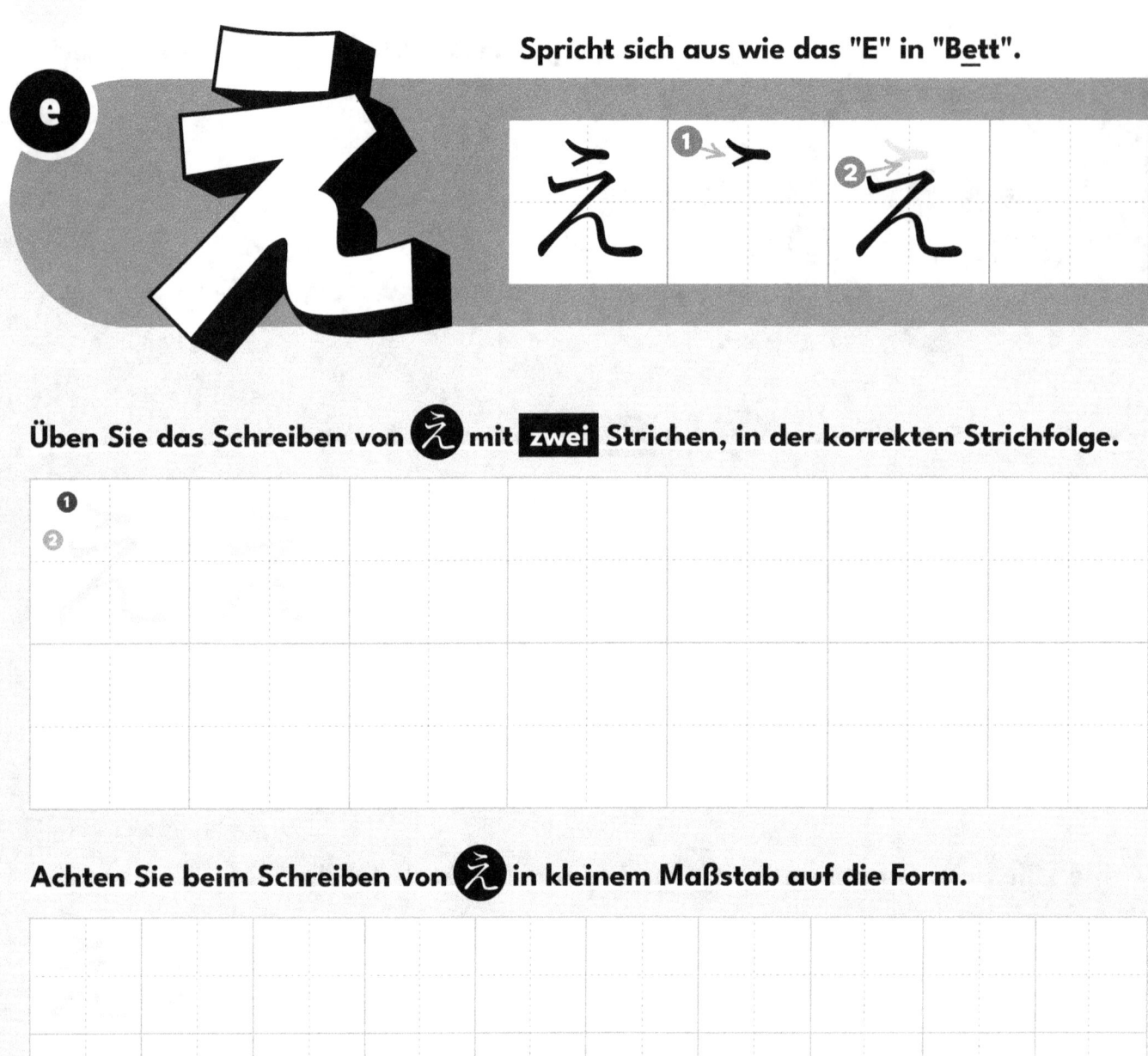

Mnemonik.

Beispiele.
- Die Silhouette eines <u>e</u>xotischen Vogels.
-

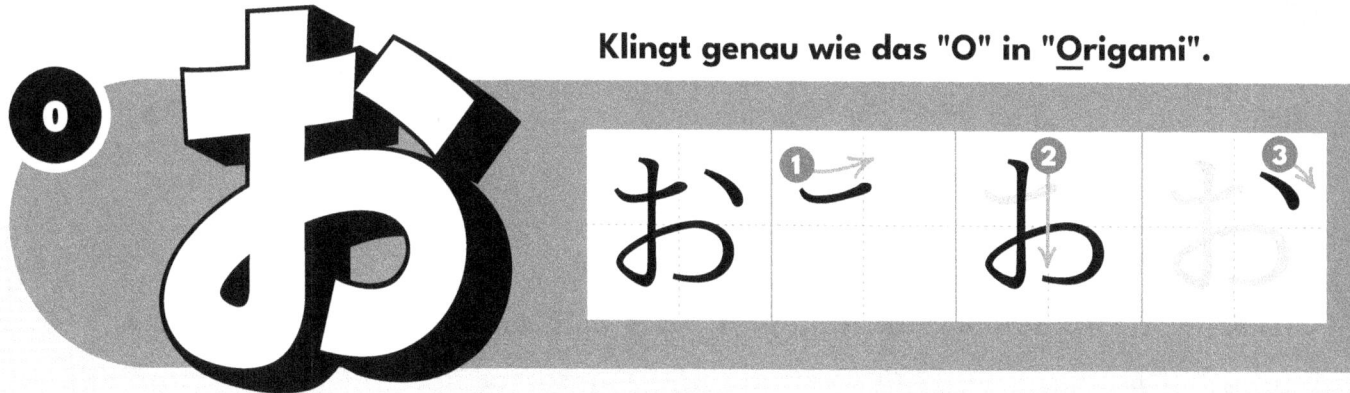

Klingt genau wie das "O" in "Origami".

Üben Sie das Schreiben von お mit drei Strichen, in der korrekten Strichfolge.

Achten Sie beim Schreiben von お in kleinem Maßstab auf die Form.

Mnemonik.

Beispiele.
- Enthält den Buchstaben [o].
- Stellen Sie sich eine Olive auf einem Cocktailspieß vor. (vielleicht in einem Martini!)

Wie gut ist Ihr Gedächtnis? Diese Übung sollte einfach sein, aber versuchen Sie, das Romaji für jedes dieser Hiragana in die Kästchen unten zu schreiben - ohne auf die vorherigen Seiten zurückzublicken.

Schreibe die Romaji-Transkription für jedes Zeichen in die folgenden Felder.

あ	い	う	え	お	あ	い	お	う	あ	え	あ	う	あ

え	お	あ	い	う	え	お	い	あ	え	お	い	う	え

い	う	あ	え	お	え	う	あ	お	あ	う	い	お	あ

Nach einer 5-minütigen Pause wiederholen Sie den Vorgang für diese Zeichen.

う	い	う	あ	え	い	え	い	お	い	あ	お	え	う

い	え	う	あ	お	う	お	え	い	お	え	う	あ	い

あ	い	え	あ	い	え	あ	う	い	あ	え	あ	い	お

Üben Sie das Lesen

Mit der Fähigkeit, die Laute zu erkennen, für die jedes Zeichen steht, können Sie beginnen, japanische Wörter zu lesen. Lesen ist eine gute Möglichkeit, die Sprache zu üben und gleichzeitig neue Vokabeln zu sammeln. Sie sollten versuchen, gleichzeitig Ihre Aussprache durch lautes Lesen zu üben.

Wenn wir japanische Wörter lesen, sollte jeder *"Silbenlaut"* die gleiche Zeitspanne für die Aussprache benötigen. Wenn wir Zeichen zusammenschreiben, um Wörter zu bilden, sprechen wir jedes Zeichen nacheinander aus - die Laute werden normalerweise nicht* zusammengefügt. Der Begriff **あい** *(Liebe)* wird zum Beispiel als *"a-i"* ausgesprochen, so dass beide Laute zu hören sind *("ah-ee")*.

Die Aussprache von Vokalen wie *"a"* und *"i"* ändert sich oft, wenn sie miteinander verbunden werden - vergleichen Sie zur Veranschaulichung die Aussprache des Wortes *"malen"* mit der des Wortes *"mailen"*. Manche sagen, dass Japanisch als Fremdsprache leichter zu lernen ist als Deutsch, weil man oft sehen kann, was man sagt (oder umgekehrt).

Wir können mehrere Wörter nur mit den fünf Hiragana schreiben, die du bisher gelernt hast. Nachfolgend sind einige Beispiele aufgeführt, mit Platz für das jeweilige Romaji:

あう		zu treffen	あい		Liebe / Indigo
いえ		Haus	あお		blau
おい		Neffe	ああ		ah! / oh!
うえ		oben	いい		gut
いう		zu sagen	おう		Verfolgung / König

---

* Bestimmte Buchstabenkombinationen können unterschiedlich geschrieben und ausgesprochen werden. Darüber werden Sie später in diesem Buch mehr erfahren.

H2. Die K-Spalte

Die zweite Spalte der Tabelle hat eine ähnliche Aussprache wie die der Vokale. Um diese Zeichen auszusprechen, braucht man nur ein *"k-"* vor den Vokalen. Mit anderen Worten: Der *"eh"*-Laut von え wird zu einem *"keh"*-Laut und so weiter.

Symbole in diesem Lernblock.

Aussprache

Der *"k-"*-Laut, den Sie zu jedem der Vokale hinzufügen, wird ähnlich wie im Deutschen gebildet. Die Zunge wird nach oben in den oberen Teil des Mundes gedrückt, zum hinteren Teil des Mundes hin.

Es handelt sich um einen stimmlosen Konsonanten, d.h. Ihre Stimmbänder werden nicht benutzt, wenn Sie ihn laut aussprechen. Der Laut entsteht, wenn Sie Luft durch sie hindurch und aus dem Mund herauspressen. Diese Arten von Lauten haben einen relativ hohen Aspirationsgrad, wenn sie von einem englischen Sprecher ausgesprochen werden.

Aspiration ist nur der Name für die Kraft, die auf die Luft ausgeübt wird, die aus dem Mund ausgestoßen wird. Sie können den Aspirationsgrad Ihres normalen *"k-"*-Lautes fühlen, indem Sie Ihre Hand vor den Mund halten und Wörter wie *"Kopf"* oder *"Kamera"* sagen. Der echte japanische *"k-"*-Laut ist nicht so stark, also versuchen Sie, etwas von dieser Kraft zurückzuhalten, wenn Sie die Laute aussprechen.

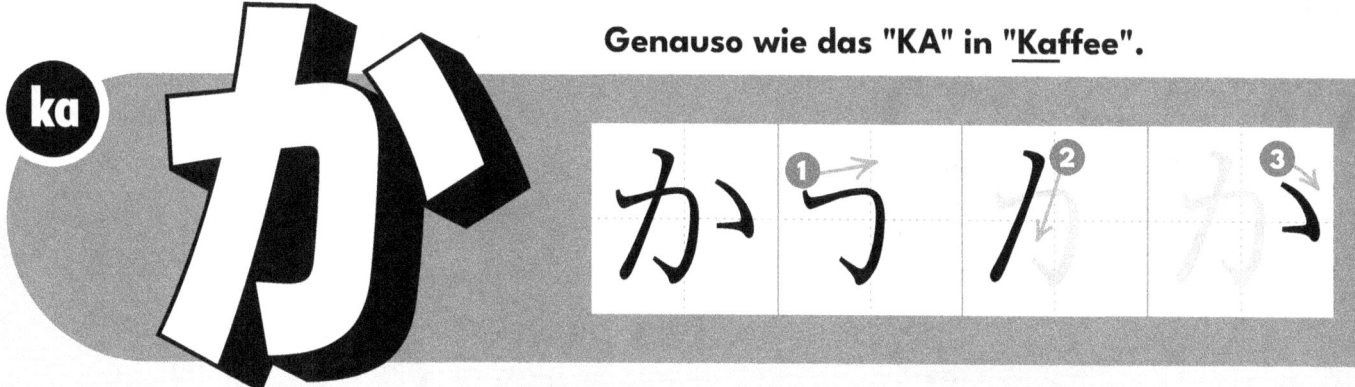

Genauso wie das "KA" in "Kaffee".

Üben Sie das Schreiben von か mit drei Strichen, in der korrekten Strichfolge.

Achten Sie beim Schreiben von か in kleinem Maßstab auf die Form.

Mnemonik.

Beispiele.

- Stell dir eine **Ka**ffeetasse vor, der dritte Strich ist der Henkel.
- Die Silhouette einer sitzenden **Ka**tze. Oder eine Art **Ka**mera.

ki

Aussprechen wie das "KI" in "Kilo".

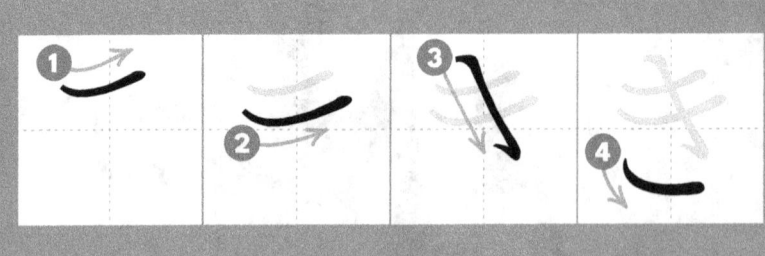

Üben Sie das Schreiben von き mit **vier** Strichen, in der korrekten Strichfolge.

Achten Sie beim Schreiben von き in kleinem Maßstab auf die Form.

Mnemonik.

Beispiele.

- Derselbe Klang und dieselbe Form wie das englische Wort für Schlüssel, "Key".
-

ku — Genau wie das "KU" in "Kuchen".

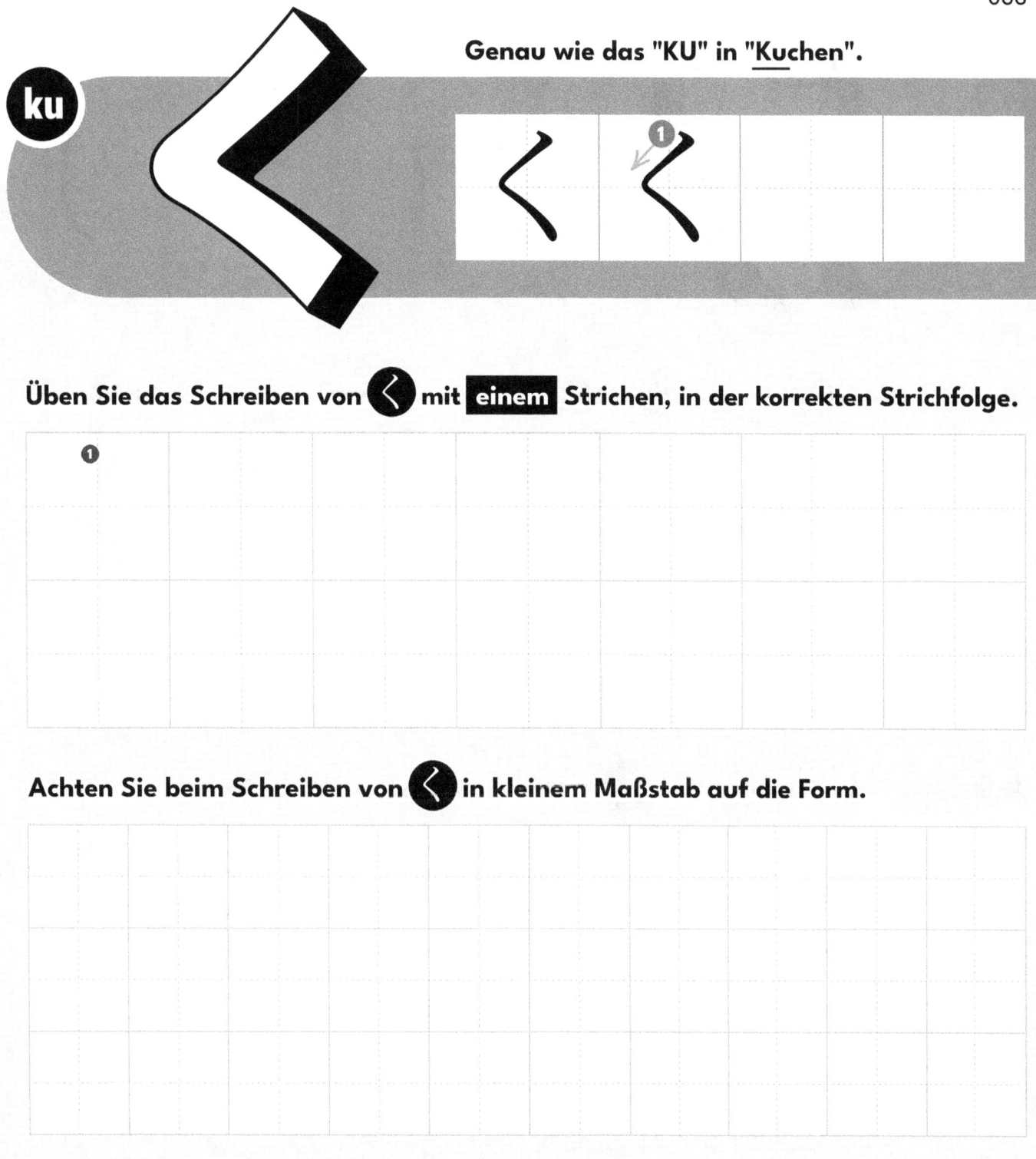

Üben Sie das Schreiben von ⟨ mit einem Strichen, in der korrekten Strichfolge.

Achten Sie beim Schreiben von ⟨ in kleinem Maßstab auf die Form.

Mnemonik.

Beispiele.
- Stell dir den Schnabel eines **Ku**ckucks vor.
-

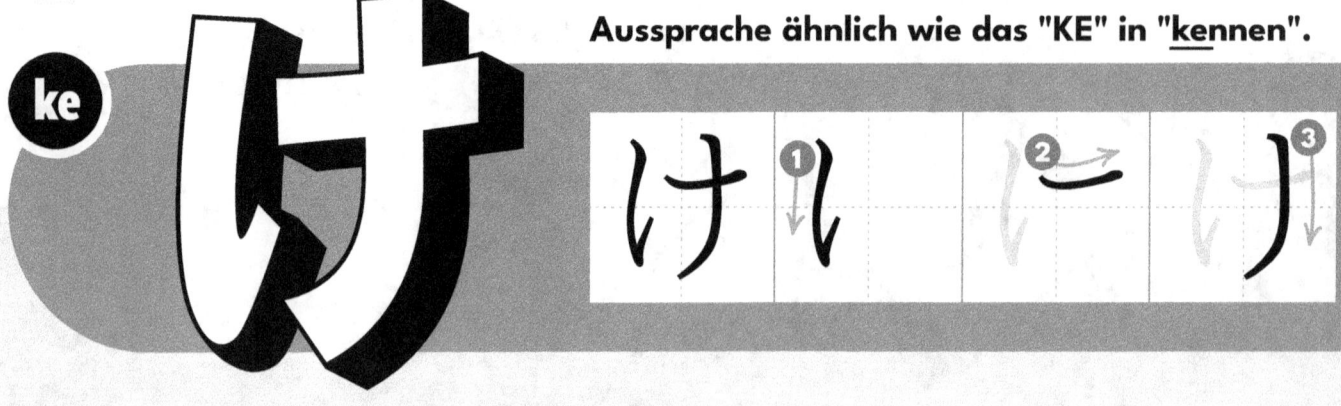

Aussprache ähnlich wie das "KE" in "kennen".

Üben Sie das Schreiben von け mit drei Strichen, in der korrekten Strichfolge.

Achten Sie beim Schreiben von け in kleinem Maßstab auf die Form.

Mnemonik.

Beispiele.

- Die Form eines Wein- oder Bierfasses, das du in einem Bier**ke**ller findest. (ein Fass heißt auf Englisch "**Ke**g")

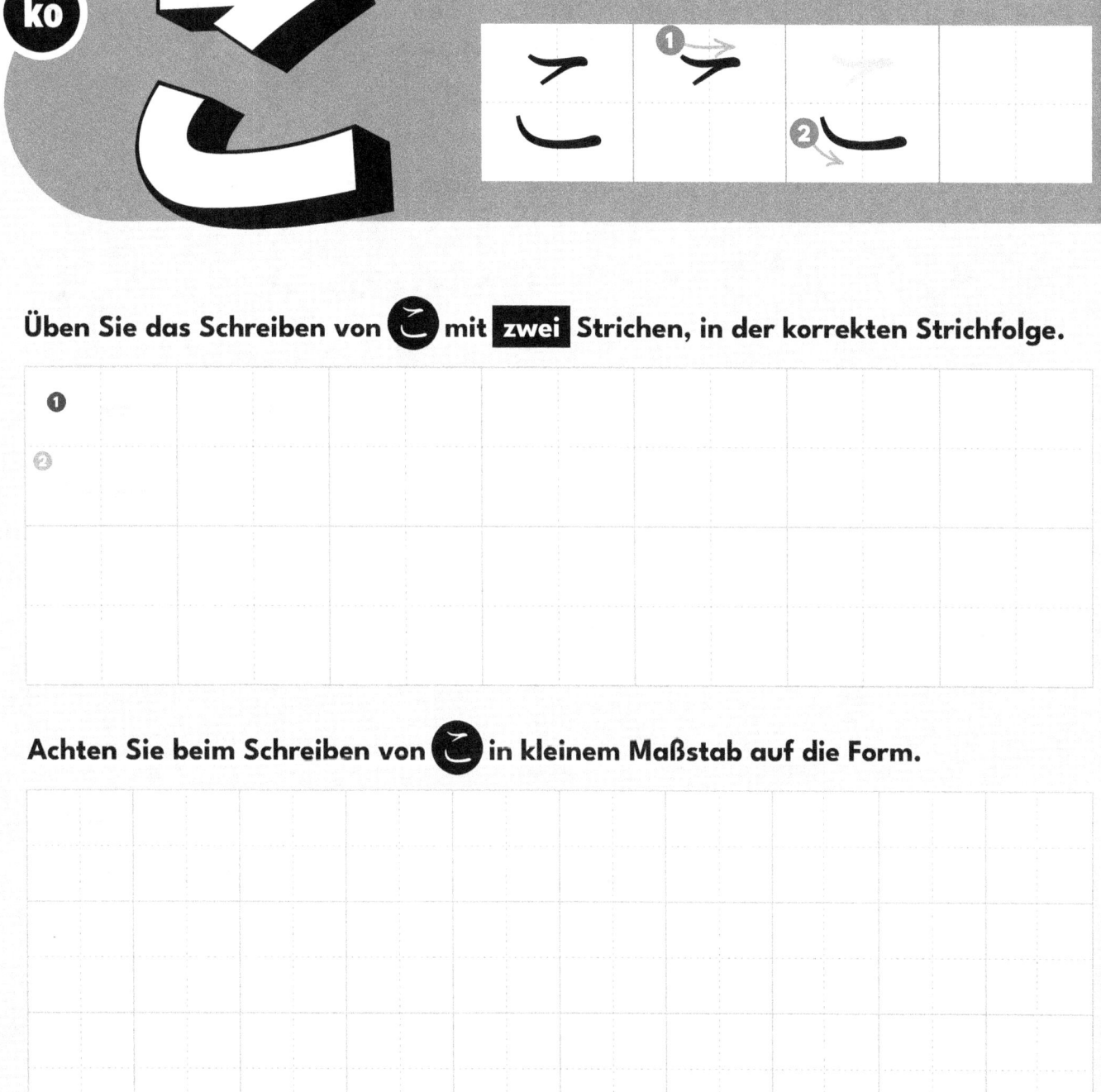

Klingt wie das "KO" in "Koffer".

Üben Sie das Schreiben von ko mit zwei Strichen, in der korrekten Strichfolge.

Achten Sie beim Schreiben von ko in kleinem Maßstab auf die Form.

Mnemonik.

Beispiele.
- Eine tanzende **Ko**bra-Schlange.
- Stellen Sie sich vor, es ist ein offener **Ko**ffer.

Diese Übungen beziehen sich auf alle zehn Hiragana, die Sie gelernt haben, und sollten daher eine größere Herausforderung darstellen. Üben Sie Ihre Aussprache und schreiben Sie die Romaji-Transkription für jedes Zeichen in die unten stehenden Felder.

Schreibe die Romaji-Transkription für jedes Zeichen in die folgenden Felder.

え	う	け	か	う	く	き	か	け	お	い	く	あ	こ

え	こ	か	お	け	こ	お	え	く	か	け	あ	こ	お

く	き	い	お	か	く	こ	あ	き	い	け	き	け	き

Nach einer 5-minütigen Pause wiederholen Sie den Vorgang für diese Zeichen.

き	か	け	お	え	こ	け	い	か	く	き	い	え	く

く	け	お	か	こ	お	く	か	お	あ	き	お	く	う

い	こ	う	こ	け	お	え	き	く	か	き	あ	こ	け

Üben Sie das Lesen und Schreiben von Wörtern mit den gelernten Zeichen.

あい
Liebe

あう
treffen

うえ
oben / Spitze

こえ
Stimme

お
Hügel

かく
schreiben

きく
hören / fragen

おけ
Holzkübel

こけ
Moos

かお
Gesicht / Ehre

いけ
Teich

あき
Herbst

かう
kaufen

いう
sagen

えき
Bahnhof

あかい
rot

いく
gehen

あおい
blau

ここ
hier

きおく
Erinnerung

H3. Die S-Spalte

Das Muster *[Konsonant + Vokal]* gilt für die meisten Gruppen von Symbolen, aber nicht für alle. Diese dritte Gruppe enthält die erste von einigen Ausnahmen, auf die Sie auf Ihrem Weg stoßen werden.

Symbole in diesem Lernblock.

Aussprache

Die Romaji-Transkriptionen dürften hier zunächst für einige Verwirrung sorgen...

Die japanischen *"s-"*-Laute sind stimmlos und werden nicht wie deutsche *"s-"*-Laute ausgesprochen. Anstatt wie das *"s-"* in Wörtern wie *"sagen"* oder *"suchen"* zu klingen, sollte es eher wie deutsche Eszett-Silben klingen, wie *"ßa"* und *"ßu"*, usw.

し *(oder "shi")* wird wie das SCHI in *"schick"* ausgesprochen, das mit einer schmaleren Lippenform gesprochen wird. Auch das englische Wort *"she" (für "sie")* passt gut zur Aussprache.

Mit Ausnahme des し folgen die Symbole in dieser Spalte dem üblichen Muster. Denken Sie nur daran, für das romaji *"s-"* ein *englisches /s/-Phonem* zu verwenden, nicht den deutschen /z/-Laut.

Die japanische Sprache hat stimmhafte Versionen dieser Silben, die in romaji als ZA, ZU, ZE usw. transkribiert werden. Diese werden im dritten Kapitel behandelt, um zusätzliche, unnötige Verwirrung in diesem Stadium zu vermeiden!

Wie das "SA" in "Vanessa" (/s/-Phonem, wie ßa).

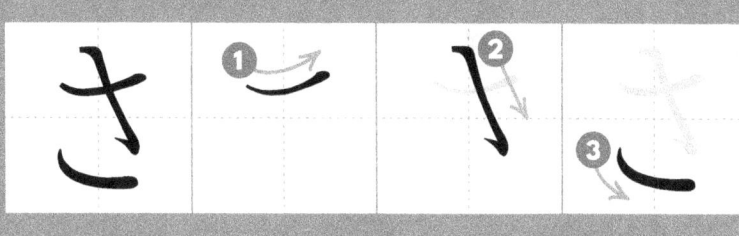

Üben Sie das Schreiben von さ mit drei Strichen, in der korrekten Strichfolge.

Achten Sie beim Schreiben von さ in kleinem Maßstab auf die Form.

Mnemonik.

Beispiele.

- Die Silhouette einer Person, die in einem **Sa**ttel sitzt
- Vielleicht hat es die Form einer **Sa**rdine

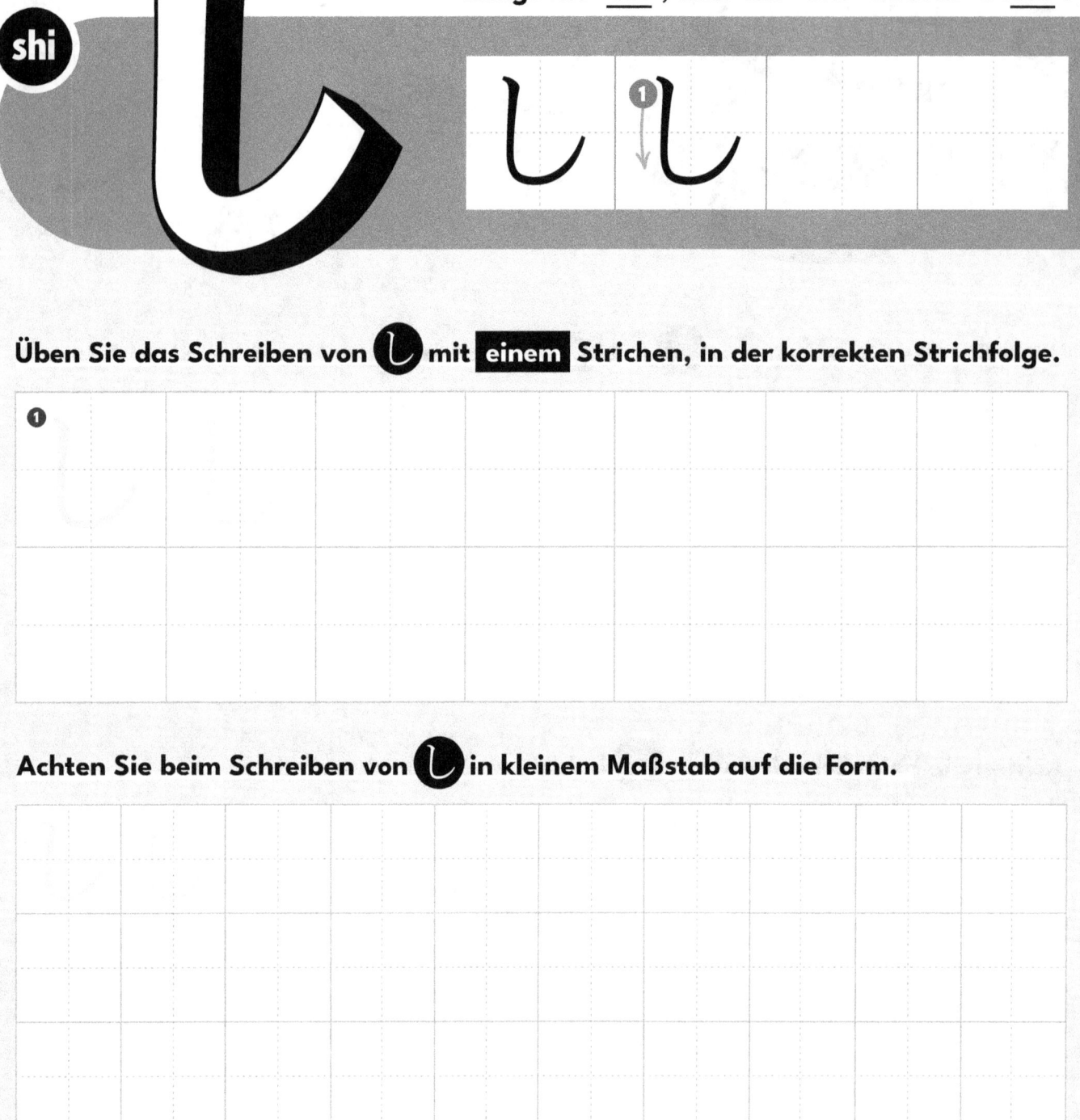

shi し

Klingt wie "Ski", oder der "SHI"-Laut in "Sushi".

Üben Sie das Schreiben von し mit einem Strichen, in der korrekten Strichfolge.

Achten Sie beim Schreiben von し in kleinem Maßstab auf die Form.

Mnemonik.

Beispiele.

- Zum Fi**shi**ng, sie brauchen einen Angelhaken.
- Die Form eines **Ski**schuhs.

"SU"-Laut in "Jiu-Jitsu" (mit /s/-Phonem, wie ßu).

Üben Sie das Schreiben von す mit zwei Strichen, in der korrekten Strichfolge.

Achten Sie beim Schreiben von す in kleinem Maßstab auf die Form.

Mnemonik.

Beispiele.

- Eine **su**perlockige Form.
- Die Zahl 9 ist **su**per!

042

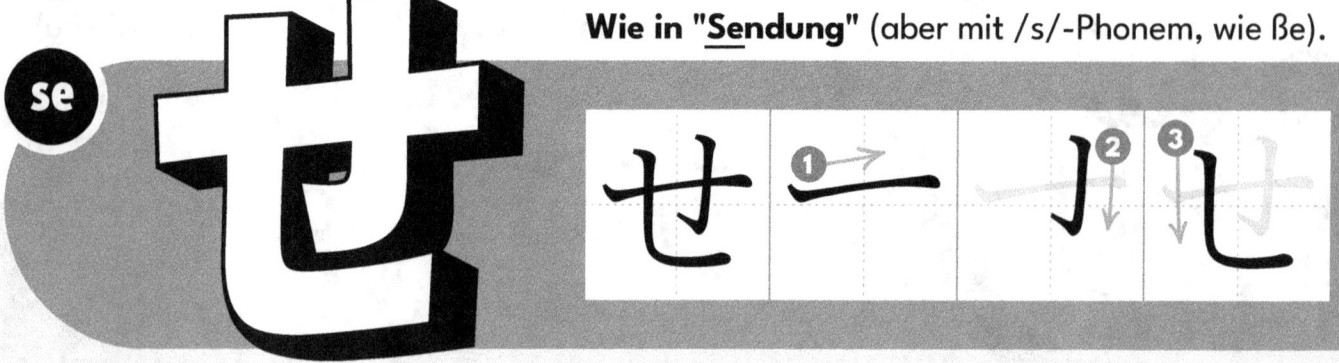

Wie in "Sendung" (aber mit /s/-Phonem, wie ß).

Üben Sie das Schreiben von せ mit drei Strichen, in der korrekten Strichfolge.

Achten Sie beim Schreiben von せ in kleinem Maßstab auf die Form.

Mnemonik.

Beispiele.

- Sieht aus wie ein Hashtag, nützlich zum **Se**nden von Textnachrichten oder Tweets!
-

Wie in "Sonne" (aber mit /s/-Phonem, wie ß o).

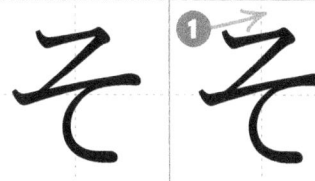

Üben Sie das Schreiben von そ mit einem Strichen, in der korrekten Strichfolge.

Achten Sie beim Schreiben von そ in kleinem Maßstab auf die Form.

Mnemonik.

Beispiele.

- Eine be**so**nders stilvolle Schreibweise von "**so**".
- Diese Form ist **so** abstrakt!

Nachdem Sie die fünf neuen Hiragana zu den anderen hinzugefügt haben, wiederholen Sie diese Übung, um sie sich einzuprägen. Machen Sie zwischen den einzelnen Sätzen eine Pause, damit Sie sich besser erinnern können.

Schreibe die Romaji-Transkription für jedes Zeichen in die folgenden Felder.

Nach einer 5-minütigen Pause wiederholen Sie den Vorgang für diese Zeichen.

Machen Sie dieses Mal eine 10-minütige Pause, bevor Sie die Aufgabe erledigen.

き	す	く	し	す	さ	か	そ	せ	か	う	せ	そ	さ

す	し	か	せ	こ	そ	さ	お	き	き	す	せ	え	い

あ	さ	け	い	う	こ	こ	け	し	そ	そ	せ	し	す

Schreiben Sie nach einer langen Pause das Romaji für jedes Zeichen unten auf.

せ	そ	あ	す	お	く	き	そ	さ	し	か	こ	け	う

き	う	す	せ	け	そ	さ	え	す	こ	そ	こ	か	お

く	し	そ	す	か	い	き	せ	さ	す	せ	い	し	そ

H4. Die T-Spalte

Die vierte Spalte enthält zwei Zeichen, die nicht in unser Muster **[Konsonant + Vokal]** passen, aber das macht es nicht schwieriger, sie auszusprechen oder sich zu merken. Schon bald werden Sie die Zeichen erkennen und einfach wissen, wie sie klingen - anstatt sie als Ausnahmen zu betrachten. Es sind nur die Romaji-Transkriptionen, die sie von den anderen unterscheiden!

Symbole in diesem Lernblock.

Aussprache

Zeichen mit dem reinen *"t-"*-Laut sind für Deutschsprachige leicht auszusprechen. Die Zungenspitze berührt den oberen Teil des Mundes, direkt hinter den oberen Zähnen, und die Luft wird mit einem gewissen Behauchung ausgestoßen. Versuchen Sie, wenn möglich, die Menge an Kraft und Luft, die freigesetzt wird, zu reduzieren.

Anstelle von *"ti"* sprechen wir ち, als *"chi"* oder *"chee-"* aus, wie im englischen Wort *"Cheese"*, aber kürzer. Es ist nicht genau dasselbe, aber es ist ziemlich nahe dran. Für eine genauere Aussprache achten Sie auf den Kontaktpunkt Ihrer Zunge am oberen Ende Ihres Mundes. Er sollte weiter hinten liegen, an der Stelle, die sich leicht gerippt anfühlt, am Ende des Kammes, der über den Gaumen verläuft.

Das Zeichen つ steht für einen *'tsu'*-Laut anstelle eines *"tu"*. Der *'u'*-Teil des Klangs ist derselbe wie der Grundvokal う, aber der *"t-"*-Laut ist jetzt ein *"ts-"*. Dies ist kein stummes *"t"*, sondern eher wie das *"Z"* aus dem Wort "Zucker" *(stimmlos)*. Fügen Sie einfach den kurzen う-Laut hinzu. Es sollte fast so klingen wie das Wort *"zoo"*, nur kürzer *(und mit dem "t")*. Denken Sie daran, dass diese Silbe nicht länger ist als die anderen und gleich lang ausgesprochen wird.

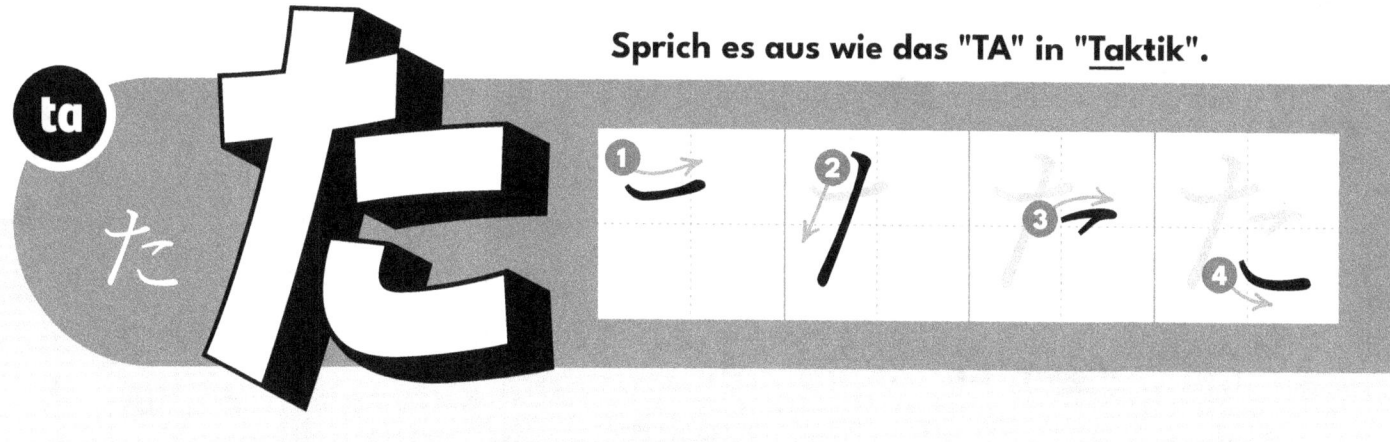

Sprich es aus wie das "TA" in "Taktik".

Üben Sie das Schreiben von た mit vier Strichen, in der korrekten Strichfolge.

Achten Sie beim Schreiben von た in kleinem Maßstab auf die Form.

Mnemonik.

Beispiele.

- TA sieht aus wie die Buchstaben [t] und [a].
- Jemand, der um den Koffer **ta**nzt (siehe auch "ko").

Klingt wie das "CHEE" in "Cheeseburger".

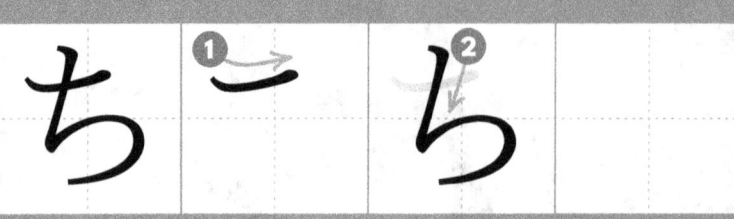

Üben Sie das Schreiben von ち mit zwei Strichen, in der korrekten Strichfolge.

Achten Sie beim Schreiben von ち in kleinem Maßstab auf die Form.

Mnemonik.

Beispiele.

- Eine Person mit einem dicken Bauch (vom Essen zu vieler **Chee**seburger).
-

Wie in "Tsunami" oder dem SU in "Surfen".

Üben Sie das Schreiben von つ mit einem Strichen, in der korrekten Strichfolge.

Achten Sie beim Schreiben von つ in kleinem Maßstab auf die Form.

Mnemonik.

Beispiele.

- Stell dir vor, du **su**rfst auf einer riesigen Welle, aber vielleicht nicht auf einer **Tsu**nami-Welle!

050

te て

Klingt wie das "TE" in dem Wort "<u>Te</u>nnis".

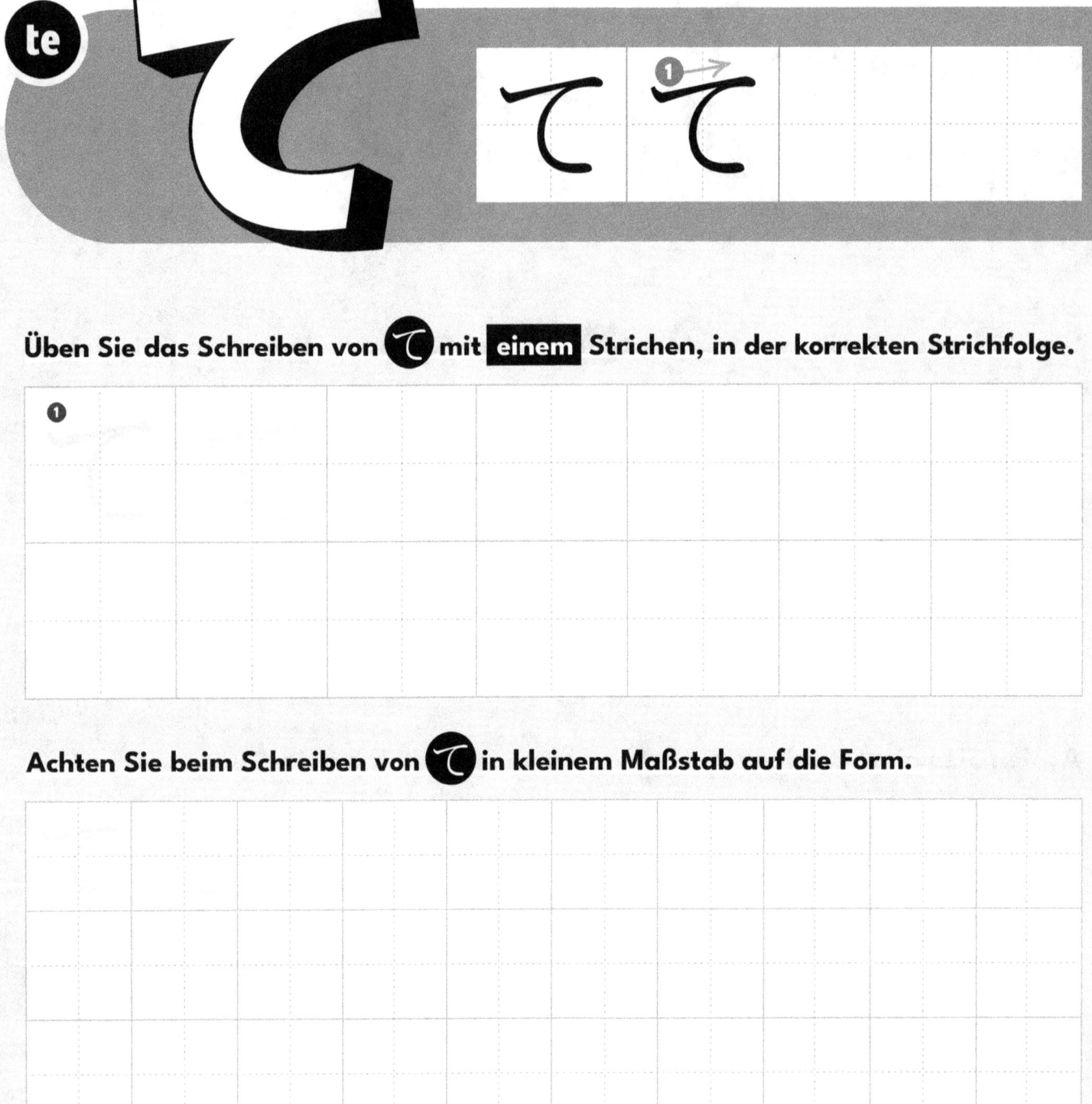

Üben Sie das Schreiben von て mit einem Strichen, in der korrekten Strichfolge.

Achten Sie beim Schreiben von て in kleinem Maßstab auf die Form.

Mnemonik.

Beispiele.

- Sieht ähnlich aus wie ein Kleinbuchstabe [**t**].
- Ein Arm, der ein **Te**leskop hochhält.

051

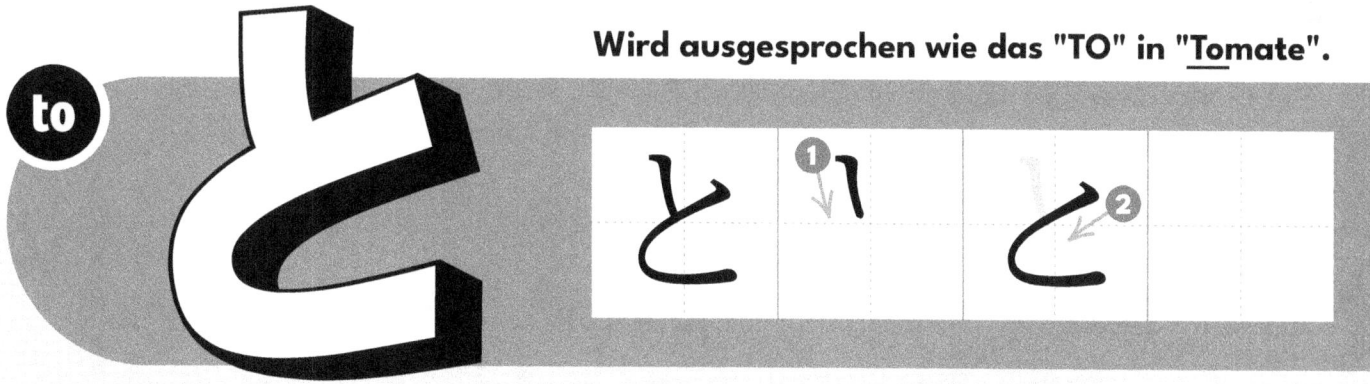

Üben Sie das Schreiben von と mit zwei Strichen, in der korrekten Strichfolge.

Achten Sie beim Schreiben von と in kleinem Maßstab auf die Form.

Mnemonik.

Beispiele.

- Sieht aus wie ein Zeh und hat einen ähnlichen Klang wie das englische Wort "**To**e".
- Eine **To**mate mit ihrem Stiel.

Mit diesen Übungen können Sie testen, ob Sie alle zwanzig Hiragana, die Sie kennen, auswendig gelernt haben. Machen Sie eine Pause und fahren Sie fort.

Schreibe die Romaji-Transkription für jedes Zeichen in die folgenden Felder.

す	と	く	そ	と	つ	さ	う	た	と	ち	あ	つ	ち

そ	せ	え	て	た	き	け	こ	と	ち	つ	こ	か	て

し	た	せ	お	ち	さ	あ	す	た	せ	い	て	し	つ

Nach einer 5-minütigen Pause wiederholen Sie den Vorgang für diese Zeichen.

う	た	そ	せ	さ	い	き	そ	お	ち	か	け	す	う

ち	か	て	そ	あ	て	え	た	け	し	こ	と	す	お

せ	さ	う	き	つ	え	こ	す	と	あ	つ	せ	と	し

Ihr Gehirn sollte frühere Symbole im Langzeitgedächtnis speichern, so dass sie leichter wiedererkannt und abgerufen werden können.

Machen Sie dieses Mal eine 10-minütige Pause, bevor Sie die Aufgabe erledigen.

Schreiben Sie nach einer langen Pause das Romaji für jedes Zeichen unten auf.

Üben Sie das Lesen und Schreiben von Wörtern mit den gelernten Zeichen.

すし Sushi			とち Land		
つち Boden			うた Lied		
そと draußen			かた Schulter		
さけ Sake			しち sieben		
こと Sache			さす zu zeigen		
くつ Schuhe			あした morgen		
かこ Vergangenheit			とおい weit		
てつ Eisen/Stahl			きせつ Saison		
せき Husten			さとい clever		
たつ aufstehen/verlassen			ちかてつ u-Bahn		

H5. Die N- und H-Spalten

Diese Gruppe ist etwas größer als die vorangegangenen und folgt im Wesentlichen dem Muster *[Konsonant + Vokal]*. Ein Symbol wird sofort als anders auffallen. Anstatt wie die anderen in dieser Spalte einen *"h-"*-Laut hinzuzufügen, wird es mit *"f-"* dargestellt und mit einer Art Mischung von Lauten ausgesprochen - im Allgemeinen sollte es fast wie *"hfu-"* klingen, wenn Sie es aussprechen.

Symbole in diesem Lernblock.

Aussprache

Der größte Teil dieser Gruppe wird genau so klingen, wie er sich liest. Fügen Sie ein regelmäßiges *"n-"* und *"h-"* hinzu, wie sie bei Wörtern wie *"Norden"* und *"Haus"* verwendet werden. Beides sind stimmhafte Konsonanten, und die *"n-"*-Laute sind nasal klingend.

Die Aussprache von ふ ist etwas seltsam und kann je nach Gebrauch wie *"fu"* oder *"hu"* klingen. Üben Sie, indem Sie versuchen, *"foo"* zu sagen, ohne dass Ihre Zähne Ihre Lippen berühren. Sie müssen zwar immer noch die Lippen zusammenpressen, aber der Luftstoß wird durch die offenen Lippen ausgestoßen und kommt nicht hinter den Zähnen hervor - *das macht beim Üben des "foo"-Lautes mehr Sinn!*

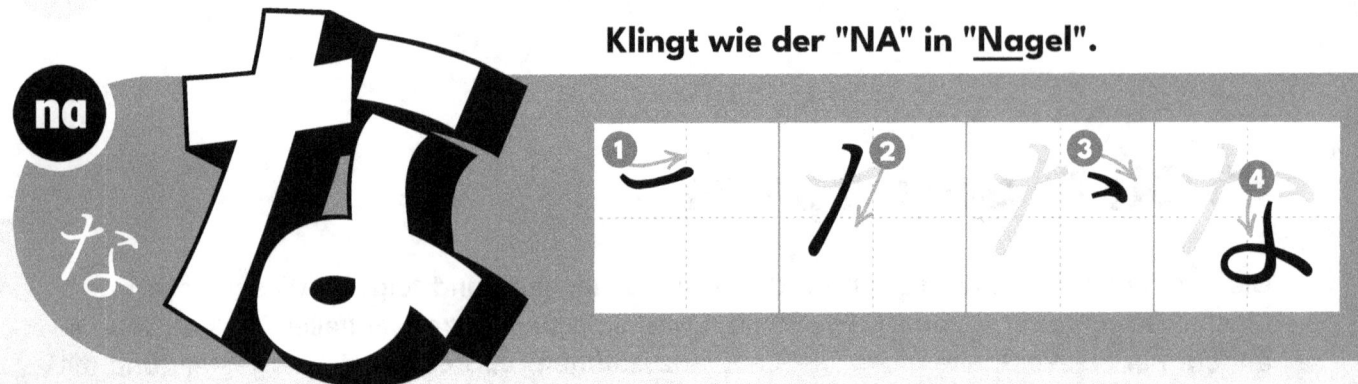

Klingt wie der "NA" in "Nagel".

Üben Sie das Schreiben von な mit vier Strichen, in der korrekten Strichfolge.

Achten Sie beim Schreiben von な in kleinem Maßstab auf die Form.

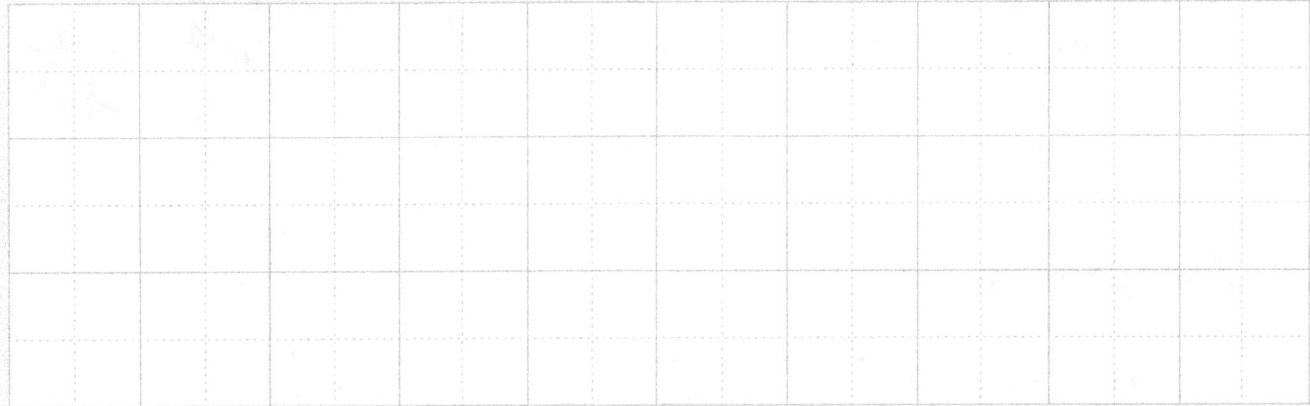

Mnemonik.

Beispiele.

- Vielleicht sieht es aus wie Hammer und **Na**gel
-

Ähnlich wie der "NI-"-Laut in "niemals".

Üben Sie das Schreiben von に mit drei Strichen, in der korrekten Strichfolge.

Achten Sie beim Schreiben von に in kleinem Maßstab auf die Form.

Mnemonik.

Beispiele.
- Eine k**ni**ende K**ni**e-Form.
- **Ni**cht ganz ein Quadrat.
- Die **Ni**ppon-Flagge Japans.

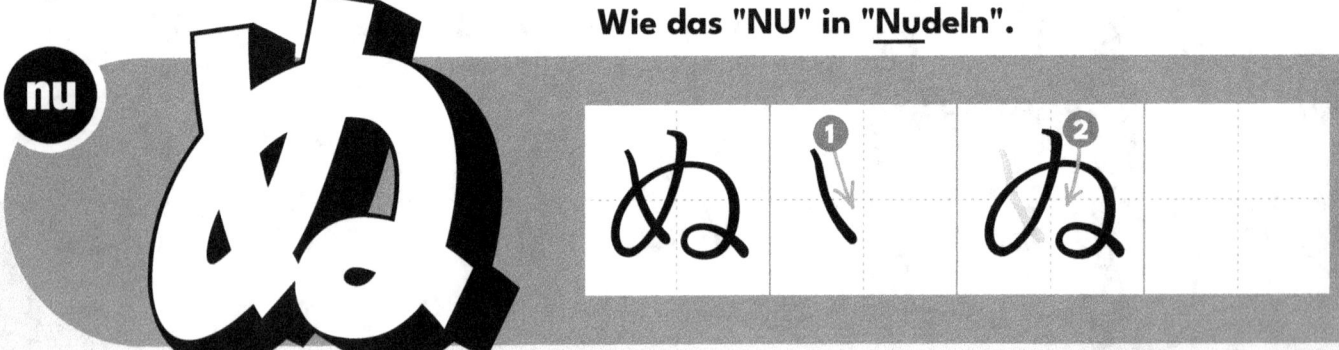

Wie das "NU" in "Nudeln".

Üben Sie das Schreiben von ぬ mit zwei Strichen, in der korrekten Strichfolge.

Achten Sie beim Schreiben von ぬ in kleinem Maßstab auf die Form.

Mnemonik.

Beispiele.
- Stell dir eine **Nu**del und Essstäbchen vor.
-

Gesprochen wie der "NE" in "<u>Ne</u>ffe".

Üben Sie das Schreiben von ね mit zwei Strichen, in der korrekten Strichfolge.

Achten Sie beim Schreiben von ね in kleinem Maßstab auf die Form.

Mnemonik.

Beispiele.
- Eine schlafende Katze, oder "<u>ne</u>ko" auf Japanisch
- Ein Fischer, der ein <u>Ne</u>tz braucht, um seinen Fang an Land zu ziehen.

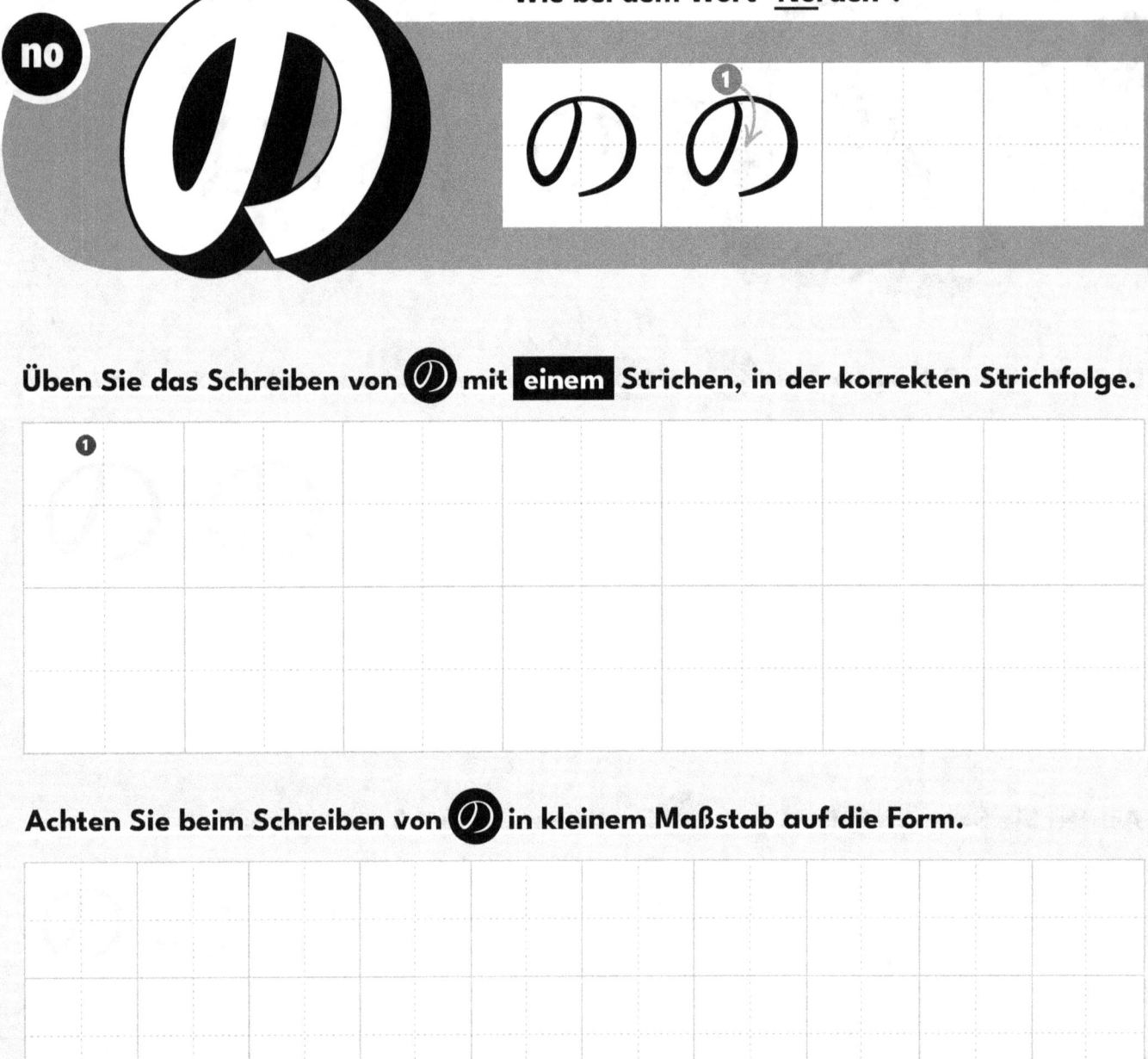

Übgen Sie das Schreiben von の mit einem Strichen, in der korrekten Strichfolge.

Achten Sie beim Schreiben von の in kleinem Maßstab auf die Form.

Mnemonik.

Beispiele.

- Ein Kompass, der nach **No**rden zeigt.
- Ein Schild, auf dem "Kein Zutritt" oder "**No**!" steht.

Klingt wie das "HA" in "Hasen".

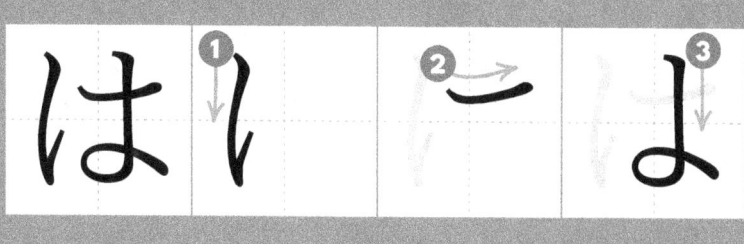

Üben Sie das Schreiben von は mit **drei** Strichen, in der korrekten Strichfolge.

Achten Sie beim Schreiben von は in kleinem Maßstab auf die Form.

Mnemonik.

Beispiele.

- Enthält die Buchstaben [**H**] und [**a**], die den Laut "**Ha**" buchstabieren.
- Ein **ha**lbiertes **Ha**shtag は

062

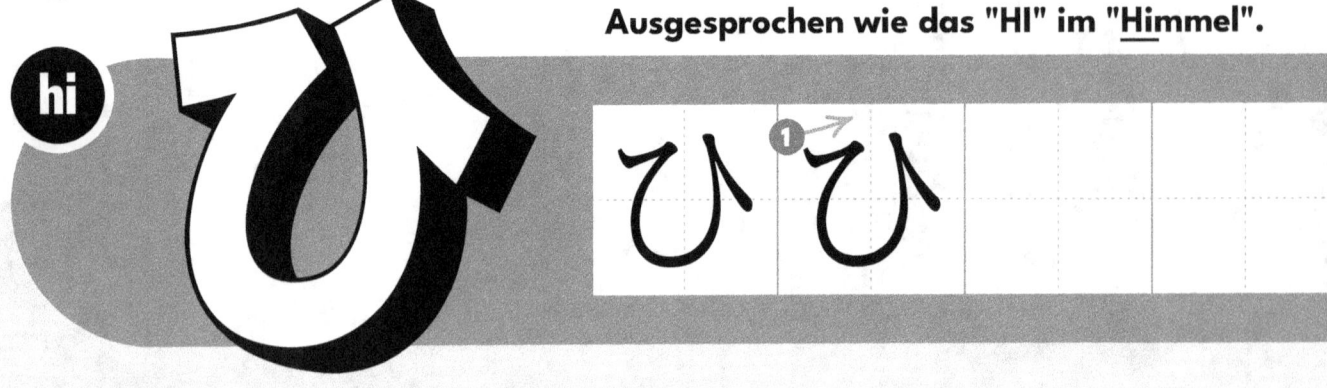

Ausgesprochen wie das "HI" im "Himmel".

Üben Sie das Schreiben von ひ mit einem Strichen, in der korrekten Strichfolge.

Achten Sie beim Schreiben von ひ in kleinem Maßstab auf die Form.

Mnemonik.

Beispiele.
- Das Lächeln von jemandem, der kichert, "tee-hi-hi".
-

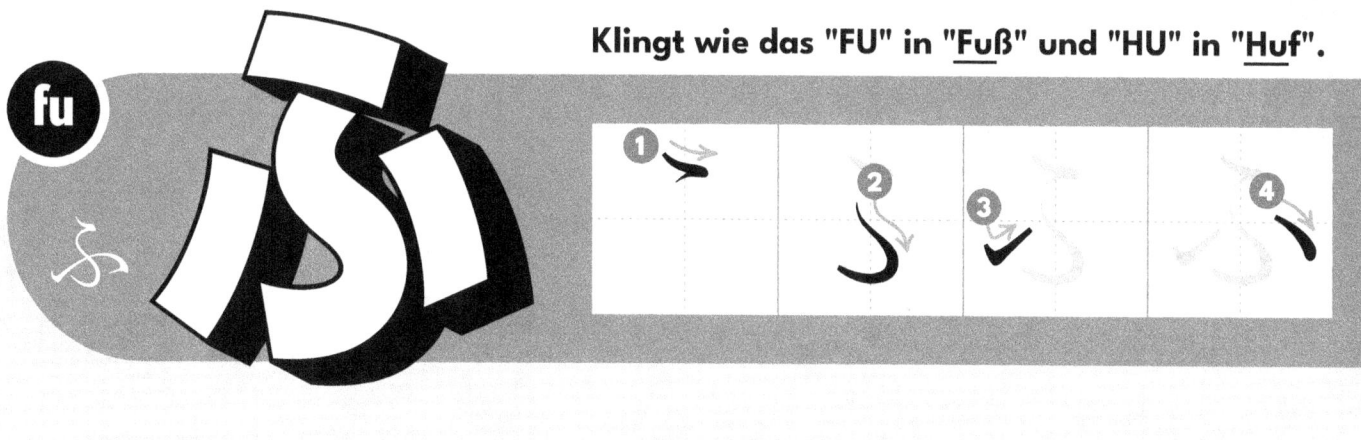

Klingt wie das "FU" in "F<u>u</u>ß" und "HU" in "H<u>u</u>f".

Üben Sie das Schreiben von ふ mit **vier** Strichen, in der korrekten Strichfolge.

Achten Sie beim Schreiben von ふ in kleinem Maßstab auf die Form.

Mnemonik.

Beispiele.

- Die Form des "Mount <u>Fu</u>ji", eines Vulkans in Japan.
- Vielleicht ist es die Form einer <u>Hu</u>la-Tänzerin.

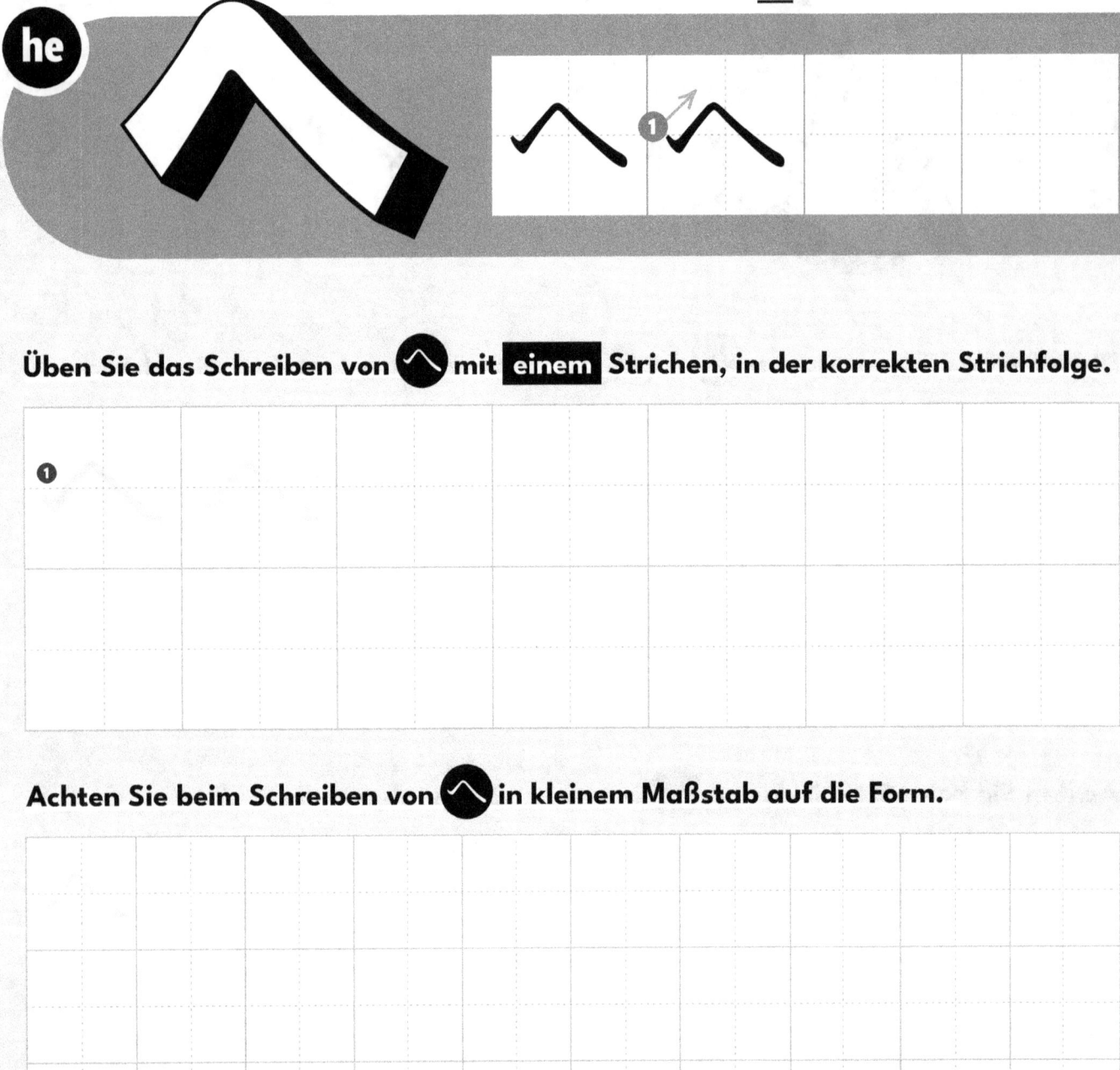

Gesprochen wie das "HO" in "Hoffen".

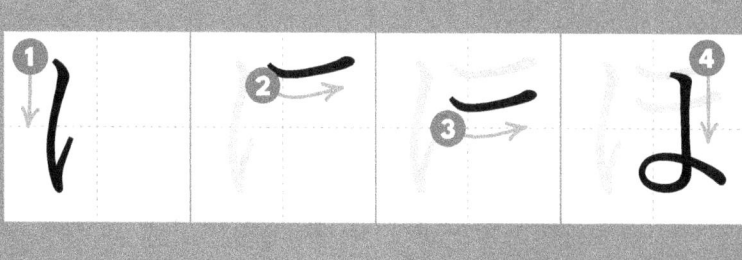

Üben Sie das Schreiben von ほ mit vier Strichen, in der korrekten Strichfolge.

Achten Sie beim Schreiben von ほ in kleinem Maßstab auf die Form.

Mnemonik.

Beispiele.
- Die Buchstaben [**H**] und [**o**] sind in dieser Form sichtbar.
- "**Ho**" unterstrichen und rotiert.
- Ein **Ho**lzfäller mit seiner Axt, neben einem Baum.

Selbst nach dem Erlernen einer großen Gruppe neuer Schriftzeichen kann sich dies von Mal zu Mal einfacher anfühlen. Das ist eine gute Sache!

Schreibe die Romaji-Transkription für jedes Zeichen in die folgenden Felder.

Nach einer 5-minütigen Pause wiederholen Sie den Vorgang für diese Zeichen.

Sie können die Herausforderung erhöhen, indem Sie für jede Gruppe ein Zeitlimit festlegen und dieses für jeden Satz verringern. Versuchen Sie, sich von einer Gruppe zur nächsten zu verbessern.

Machen Sie dieses Mal eine 10-minütige Pause, bevor Sie die Aufgabe erledigen.

Schreiben Sie nach einer langen Pause das Romaji für jedes Zeichen unten auf.

Üben Sie das Lesen und Schreiben von Wörtern mit allen bisherigen Zeichen.

なに — was

ほね — Knochen

ぬの — Stoff

ひふ — Haut

へた — ungeschickt

はな — Nase/Blume

ふね — Schiff

かに — Krabbe

ひな — Puppe/Flipper

はし — Stäbchen/Brücke

きぬ — Seide

ほし — Stern

ひと — Person

のき — Traufe

にし — Westen

はいく — Haiku

かたな — Katana

せいふ — Regierung

いのしし — Wildschwein

へいそつ — Soldat

H6. Die M- und Y-Spalten

In diesem Abschnitt kommen noch zwei weitere Spalten hinzu. Die beiden Symbole, die in der Y-Spalte zu *fehlen* scheinen *(YE und YI)*, klangen so ähnlich wie in der reinen Vokalspalte, dass die Japaner sie ganz weggelassen haben (い & え). Dadurch wurde das Alphabet vereinfacht, was bedeutet, dass man weniger Symbole lernen muss!

Symbole in diesem Lernblock.

Aussprache

Die *"m-"*-Laute werden praktisch genauso ausgesprochen wie im Deutschen, indem man die Lippen zusammenbringt, stimmhaft *(mit Hilfe der Stimmbänder)* und nasal wie die *"n-"*-Laute.

Auch die *"y-"*-Laute werden wie gewohnt ausgesprochen und Sie werden feststellen, dass es nur drei zu lernen gibt. Es ist möglich, gelegentlich ein *"ye"* zu hören, aber das beschränkt sich normalerweise auf Fremdwörter und ist daher kein Laut, den Sie für Japanisch lernen müssen.

Genau wie das "MA" in "Mann".

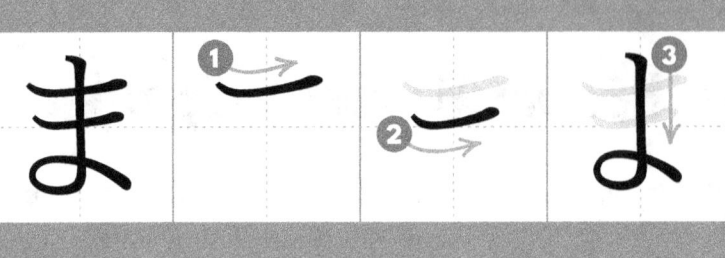

Üben Sie das Schreiben von ま mit drei Strichen, in der korrekten Strichfolge.

Achten Sie beim Schreiben von ま in kleinem Maßstab auf die Form.

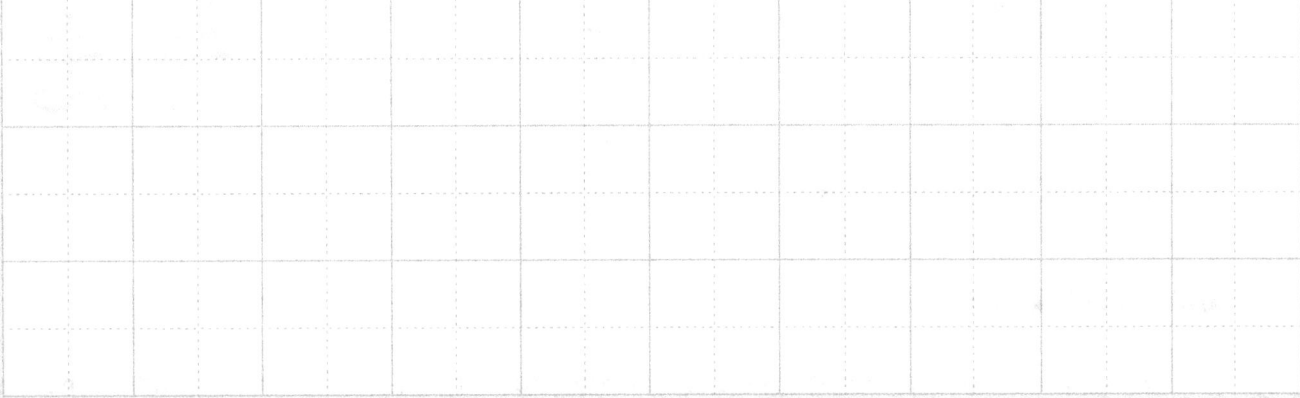

Mnemonik.

Beispiele.

- Silhouette eines Schiffes mit einem großen **Ma**st.
- Es sieht fast wie ein **ma**thematisches Symbol aus.

Spricht sich wie "mee" wie das "MI" in "Minus".

Üben Sie das Schreiben von み mit zwei Strichen, in der korrekten Strichfolge.

Achten Sie beim Schreiben von み in kleinem Maßstab auf die Form.

Mnemonik.

Beispiele.
- Die Zahl 4 liegt in der **Mi**tte von 7 und 1 (alle in dieser Form).
- Die Form eines sch**me**rzhaft aussehenden Stuhls [mi klang]

Wie das "MU" in dem Wort "Musik".

Üben Sie das Schreiben von む mit drei Strichen, in der korrekten Strichfolge.

Achten Sie beim Schreiben von む in kleinem Maßstab auf die Form.

Mnemonik.

Beispiele.

- Stellen Sie sich die Form einer Kuh vor. "**Mu**hu!"
- Ein seltsames **mu**sikalisches Instrument.

073

Klingt ähnlich wie das "ME" in "Mentor".

Üben Sie das Schreiben von め mit zwei Strichen, in der korrekten Strichfolge.

Achten Sie beim Schreiben von め in kleinem Maßstab auf die Form.

Mnemonik.

Beispiele.
- Es sieht aus wie ein Auge, das im Japanischen als "**me**".
- Vielleicht ähnelt er einer Art **Me**daille.
- Der Film "X-**Männ**er"

074

mo — Wie bei dem Wort "Moden".

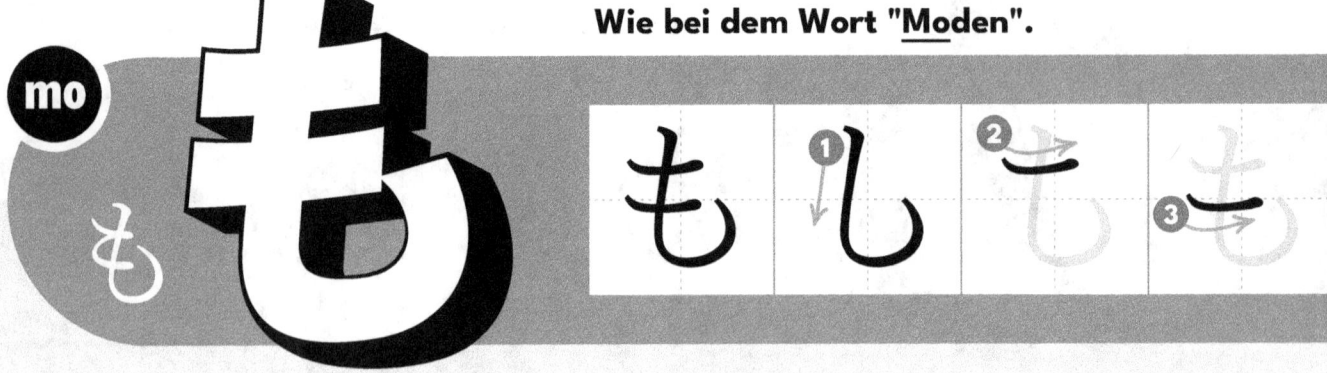

Üben Sie das Schreiben von も mit drei Strichen, in der korrekten Strichfolge.

Achten Sie beim Schreiben von も in kleinem Maßstab auf die Form.

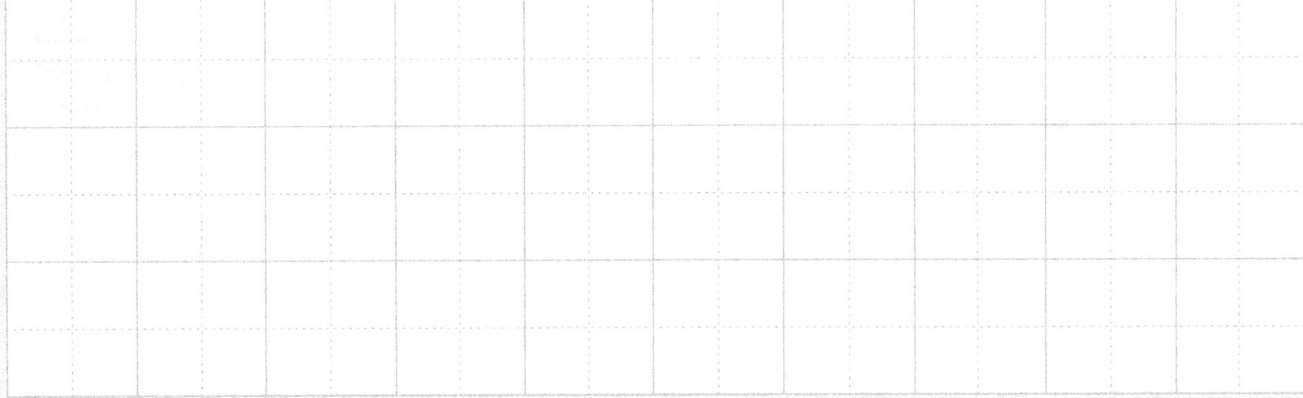

Mnemonik.

Beispiele.

- Ein neues Angelhaken-Design, das **mo**derner und **mo**discher ist als das einfache [し] oder "shi".

Klingt wie das "YA" in "Yacht".

Üben Sie das Schreiben von や mit drei Strichen, in der korrekten Strichfolge.

Achten Sie beim Schreiben von や in kleinem Maßstab auf die Form.

Mnemonik.

Beispiele.

- Diese Form hat Hörner, es könnte ein **Ya**k sein!
- Oder Sie sehen eine kleine **Ya**cht, die ihren Anker wirft.

Wie der "Ju-"-Laut in "Jung" (/y/-Phonem).

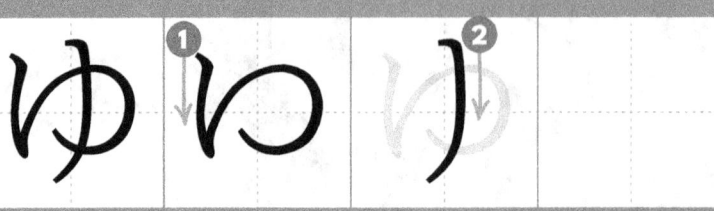

Üben Sie das Schreiben von ゆ mit zwei Strichen, in der korrekten Strichfolge.

Achten Sie beim Schreiben von ゆ in kleinem Maßstab auf die Form.

Mnemonik.

Beispiele.

- Ein Fisch am Spieß. "**Yu**mmy!"
- Die Form eines **ju**ngen tropischen Fisches.

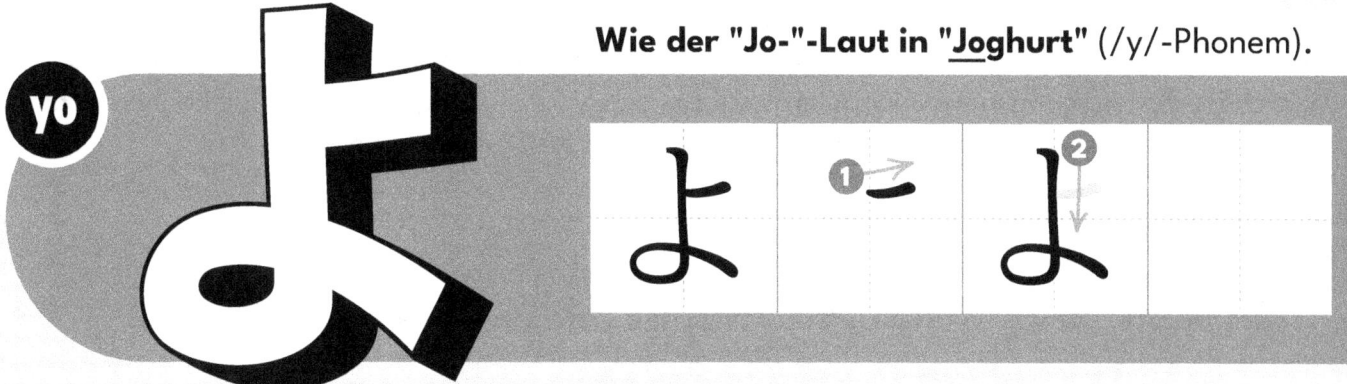

Wie der "Jo-"-Laut in "Joghurt" (/y/-Phonem).

Üben Sie das Schreiben von よ mit zwei Strichen, in der korrekten Strichfolge.

Achten Sie beim Schreiben von よ in kleinem Maßstab auf die Form.

Mnemonik.

Beispiele.

- Du kannst die Buchstaben [y] und [o] in dieser Form erkennen.
- Jemand sitzt und **jo**delt.

Obwohl Sie so viele neue Zeichen lernen, sollten Sie sich durch die Wiederholung von Zeichen, die Sie schon viel früher gelernt haben, diese gut einprägen können. Sie können sich darauf konzentrieren, dass auch die neueren Zeichen im Gedächtnis bleiben.

Schreibe die Romaji-Transkription für jedes Zeichen in die folgenden Felder.

Nach einer 5-minütigen Pause wiederholen Sie den Vorgang für diese Zeichen.

Machen Sie dieses Mal eine 10-minütige Pause, bevor Sie die Aufgabe erledigen.

し	ね	か	や	と	い	ぬ	す	へ	つ	ゆ	た	そ	さ

ま	ひ	く	せ	え	な	て	め	に	こ	せ	こ	の	よ

み	あ	も	か	し	ち	き	お	う	く	ふ	む	お	い

Schreiben Sie nach einer langen Pause das Romaji für jedes Zeichen unten auf.

け	め	て	ち	え	ゆ	け	す	お	き	い	か	や	さ

ひ	ぬ	む	も	へ	ふ	せ	の	く	こ	せ	た	み	と

し	は	う	ほ	つ	そ	ま	そ	な	よ	お	に	ね	い

Üben Sie das Lesen und Schreiben von Wörtern mit den gelernten Zeichen.

やま
Berg

ゆめ
träumen

よむ
zu lesen

もも
Pfirsich

みや
Schrein

こめ
ungekochter Reis

つゆ
Tau

むし
Insekt

まつ
warten/Tannenbaum

うめ
Pflaume

むね
Brust

きもの
Kimono

さしみ
Sashimi

ゆかた
Baumwollkimono

えまき
Schriftrolle

みこし
tragbarer Schrein

うきよえ
Holzschnitt

せともの
Porzellan

すきやき
sukiyaki

H7. Die R-Spalte

Der Romaji-Buchstabe "r" ist ein schlechter Ersatz für den japanischen "r-"-Laut, und die Aussprache der Zeichen in dieser Spalte kann schwierig zu meistern sein. Wenn Japaner Deutsch lernen, haben sie das gegenteilige Problem und finden es schwierig, Wörter wie *"Linde"* und *"Land"* von *"Rinde"* und *"Rand"* zu unterscheiden.

Während diese Zeichen als *"ra"*, *"ri"*, *"ru"*, *"re"* und *"ro"* romanisiert werden, sind sie in der Aussprache wahrscheinlich näher an kleinen "l"-Lauten *(d. h. "la", "li", "lu", "le" und "lo")*.

Aussprache

Ich habe festgestellt, dass die folgenden Übungen dabei helfen, den *japanischen "r-"-Laut* besser zu verstehen und zu produzieren:

Beginnen Sie mit einem normalen "L"-Laut, indem Sie ein paar Mal laut "LA" sagen *(wie in "Land")*. Ihre Zunge zeigt dabei ein wenig nach oben, so dass der untere Teil der Zunge mit dem Gaumen in Kontakt kommt. Sagen Sie noch ein paar Mal "LA" und achten Sie dabei auf die Position Ihrer Zunge und die Stelle, an der sie mit dem oberen Teil Ihres Mundes in Kontakt kommt. *"La... La... La..."*

Machen Sie nun das Gleiche mit einem "D" und sagen Sie "DA" *(wie in "Dach")*, bis Sie genau spüren, wo Ihre Zunge das Innere Ihres Mundes berührt. Ihre Zunge wird nun viel flacher und nach vorne gerichtet sein und die Rückseite der oberen Vorderzähne berühren. *"Da... Da... Da..."*

Sagen Sie schließlich abwechselnd "LA" und "DA" und achten Sie dabei auf die Position Ihrer Zunge. Beide Positionen sollten die gleichen sein wie bei den obigen Schritten. Während sich Ihre Zunge hin und her bewegt, werden Sie vielleicht feststellen, dass sie jedes Mal über dieselbe Stelle springt. *"La... Da... La... Da..."*

Der japanische "r"-Laut wird erzeugt, indem man die Zunge an die Stelle zwischen "LA" und "DA" legt. Es ist etwas gewöhnungsbedürftig, aber mit genügend Übung wird das Muskelgedächtnis übernehmen. Führen Sie die gleichen Schritte für die anderen Vokallaute durch, wobei Sie jedes Mal den "a"-Laut austauschen. "Li... Di...", "Lu... Du..." und so weiter.

Wie das "RA" in dem Wort "Radfahren".

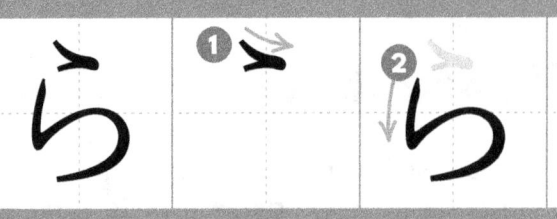

Üben Sie das Schreiben von ら mit zwei Strichen, in der korrekten Strichfolge.

Achten Sie beim Schreiben von ら in kleinem Maßstab auf die Form.

Mnemonik.

Beispiele.
- Die Silhouette einer Person auf einem Fah**rr**ad.
- **Ra**battierte Nummer 5, weil es nicht ganz fertig ist!

 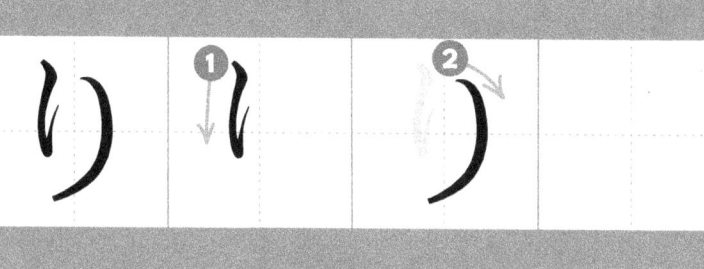

Spricht sich aus wie das "RI" in "Richtung".

Üben Sie das Schreiben von り mit zwei Strichen, in der korrekten Strichfolge.

Achten Sie beim Schreiben von り in kleinem Maßstab auf die Form.

Mnemonik.

Beispiele.
- Ein **Ri**tter in Rüstung könnte einen Schild mit der gleichen Form haben.
- Stücke von ze**rri**ssenem Band.

084

ru る

Aussprache ähnlich dem "RU" in "Runde".

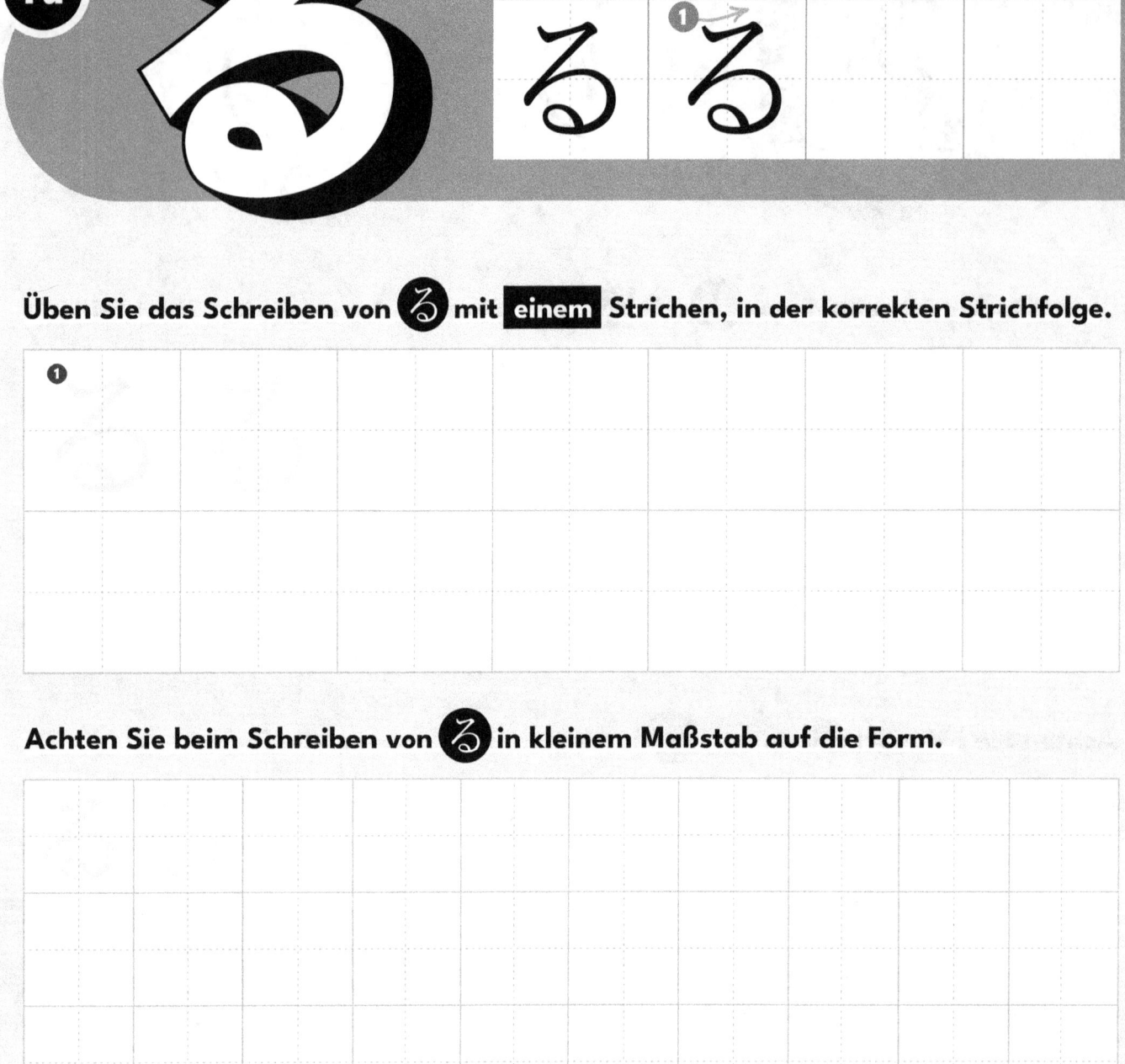

Üben Sie das Schreiben von る mit einem Strichen, in der korrekten Strichfolge.

Achten Sie beim Schreiben von る in kleinem Maßstab auf die Form.

Mnemonik.

Beispiele.
- Diese Form ist eine wirklich **ru**nde Zahl 3.
- Vielleicht stellst du dir vor, es sei die Form eines Kängu**ru**s.

Wie das "RE" in dem Wort "Recht".

Üben Sie das Schreiben von れ mit **zwei** Strichen, in der korrekten Strichfolge.

Achten Sie beim Schreiben von れ in kleinem Maßstab auf die Form.

Mnemonik.

Beispiele.

- Ein Angler wirft einen großen Haken nach **re**chts. Vielleicht angelt er **Re**genbogenforellen.
-

086

ro ろ

Wie das "RO" in "Rot" oder "Rosig".

Üben Sie das Schreiben von ろ mit einem Strichen, in der korrekten Strichfolge.

Achten Sie beim Schreiben von ろ in kleinem Maßstab auf die Form.

Mnemonik.

Beispiele.

- Dieses Zeichen ist die Form einer **Ro**ck'n'**Ro**ll-Gitarre.
- Sieht aus wie ein Buchstabe [b], für B**rot**.

H8. Die W-Spalte + N

In diesem letzten Hiragana-Block gibt es nur drei Zeichen zu lernen. Das erste ist relativ normal, aber das zweite und dritte sind ein wenig anders. Der *"w-"*-Laut ist dem *"u"*-Laut ziemlich nahe und sollte auch so ausgesprochen werden. Das letzte Zeichen hat keinen Vokallaut, aber irgendwo musste es ja untergebracht werden!

Symbole in diesem Lernblock.

Aussprache

Wie bereits erwähnt, werden die *"w-"*-Zeichen ähnlich wie der Vokallaut *"u"* ausgesprochen und weniger wie der Buchstabe *"w" (mit dem englischen Phonem /w/, nicht dem deutschen "w" oder /v/)*. Die Lippen sollten nicht nach außen gepresst werden, wie bei der Aussprache von "oo", sondern sie müssen zusammengepresst werden. Wenn Sie "wa" aussprechen, sollte es fast wie *"oo-wah"* klingen und genauso lange dauern wie jeder andere Silbenlaut.

Der Klang von *"wo"* ist ähnlich, er klingt wie *"oo-woah"*. Dieses Zeichen wird hauptsächlich als Partikel verwendet.

Anders als alle anderen Kana, die Sie gelernt haben, hat das japanische *"n"*-Zeichen ん kkeinen Vokal und wird als *"-n-"* ausgesprochen, so wie es in den Wörtern *"zehn"* oder *"Regen"* klingt.

Wie in "Wachs" (aber mit englischem /w/-Phonem).

Üben Sie das Schreiben von わ mit zwei Strichen, in der korrekten Strichfolge.

Achten Sie beim Schreiben von わ in kleinem Maßstab auf die Form.

Mnemonik.

Beispiele.

- Da ist etwas Schweres an der Angelschnur… ein **Wa**l!
- Das sieht nach einem **wa**hrlich bequemen Stuhl aus.

 **Wird genauso ausgesprochen wie お oder "o".**

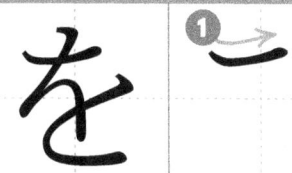 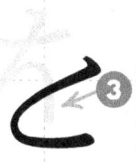

(* を ist ein "Partikel" und wird für die Grammatik verwendet)

Üben Sie das Schreiben von を mit drei Strichen, in der korrekten Strichfolge.

Achten Sie beim Schreiben von を in kleinem Maßstab auf die Form.

Mnemonik.

Beispiele.

- Es sieht aus wie ein Läufer, der die Ziellinie am Ende eines Rennens überquert - Sie haben ge<u>wo</u>nnen!

090

Ausgesprochen wie das "N"-Laut in "Essen".

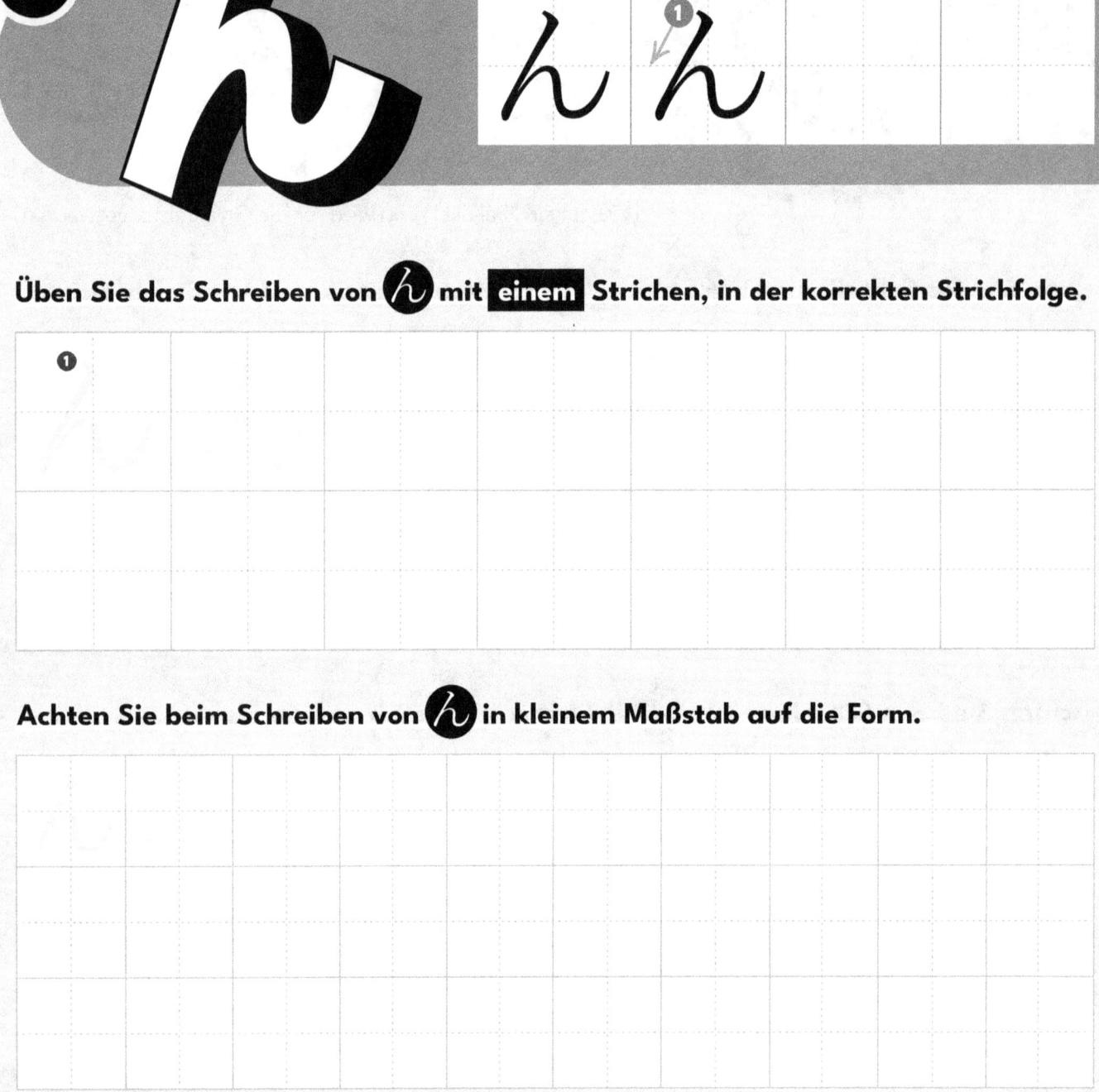

Üben Sie das Schreiben von ん mit einem Strichen, in der korrekten Strichfolge.

Achten Sie beim Schreiben von ん in kleinem Maßstab auf die Form.

Mnemonik.

Beispiele.

- Dieses Zeichen sieht aus wie ein kleingeschriebenes [n] und klingt auch wie ein solches.
-

Diese letzte Gruppe vervollständigt den Satz, d.h. diese Übung kann jedes der 46 Hiragana enthalten. Die meisten sollten inzwischen bekannt sein; schreiben Sie das Romaji unter den Zeichen aller Gruppen unten.

Schreibe die Romaji-Transkription für jedes Zeichen in die folgenden Felder.

Nach einer 5-minütigen Pause wiederholen Sie den Vorgang für diese Zeichen.

Machen Sie dieses Mal eine 10-minütige Pause, bevor Sie die Aufgabe erledigen.

ひ	ら	ん	そ	り	ぬ	た	む	わ	る	れ	ろ	に	ら

み	め	ゆ	る	や	へ	え	も	よ	す	く	む	ま	ん

ろ	を	め	も	ま	ほ	つ	の	み	は	ふ	あ	れ	わ

Schreiben Sie nach einer langen Pause das Romaji für jedes Zeichen unten auf.

ゆ	よ	や	を	ね	た	ん	せ	と	ゆ	ら	わ	あ	を

ほ	よ	に	む	も	る	り	み	つ	ら	れ	ろ	を	す

は	を	ひ	ん	や	ね	わ	の	る	ゆ	く	め	も	ふ

Die Wörter in diesen Listen können Zeichen aus allen Lernblöcken enthalten.

わん		さくら	
Bucht/Schüssel		Kirschblüte	
てら		うちわ	
Tempel		Rundfächer	
つる		まつり	
Kran / fischen		Fest	
これ		ほたる	
dies		Glühwürmchen	
ふろ		ふとん	
Bad		Futon	
のり		れきし	
Seetang/Kleber		Geschichte	
はる		わふく	
dehnen		Japanische Kleidung	
れい		りろん	
Beispiel/Seele		Theorie	
しろ		ひのまる	
Schloss/Weiß		Flagge der aufgehenden Sonne	
にほん		さむらい	
Japan		Samurai	

/////////////////////////////// **TEIL 3**

Katakana

Die Buchstaben dieses Alphabets **stehen für dieselben Laute wie Hiragana**, und wir sprechen sie auch so aus. Es mag seltsam erscheinen, zwei Alphabete für dieselben Silbenlaute zu haben, aber wir verwenden sie unterschiedlich. *Man könnte sagen, dass Katakana für einen japanischen Sprecher eine ähnliche Rolle spielt wie Romaji für Sie.*

Katakana wird jedoch hauptsächlich verwendet, um ausländische **"Lehnwörter"** zu lesen und zu schreiben. Das sind Begriffe zur Beschreibung von Ideen oder Objekten, die von außerhalb Japans stammen. Die in Katakana übertragenen Aussprachen klingen oft ähnlich *(aber mit einem japanischen Geschmack)*, und diese Schreibweisen werden zum japanischen Wort für diese *"Dinge"*. Einige der häufigsten Beispiele sind die Namen für bestimmte Lebensmittel aus dem Ausland, wie Schokolade, Hamburger oder Pizza. Diese Schrift wird auch zum Schreiben von Klangeffekten *(Onomatopoesie)* verwendet.

Im Wesentlichen wird Katakana verwendet, um Wörter zu buchstabieren, für die es noch keine japanische Entsprechung *(Kanji)* gibt. Es gibt Lehnwörter in anderen Sprachen, wie z.B. *"Karaoke"*, das lustigerweise aus Japan importiert wurde.

Es ist wichtig zu wissen, dass Lehnwörter aus einer Vielzahl verschiedener Länder und Sprachen stammen. Zum Beispiel leitet sich das japanische Wort für *"Brot"* von dem portugiesischen Wort "pão" ab, das in Katakana als パン *(pan)* geschrieben wird. Dieses alltägliche Essen war für die Japaner völlig neu, als es zum ersten Mal von Händlern aus Portugal *(in den 1500er Jahren)* eingeführt wurde. Katakana-Lehnwörter sind eine Art *Platzhalter* für Wörter, die es gar nicht gibt.

Katakana-Lehnwörter klingen oft ähnlich wie das ursprüngliche Fremdwort, das sie darstellen. Der einfachste Weg, dieses Konzept zu verstehen, ist, sich ein oder zwei Beispiele anzuschauen - jedes wird genau so dargestellt, wie wir es schreiben würden *(unter Verwendung von Katakana)* und wird von einer Romaji-Transkription, dem ursprünglichen Fremdwort, das sie darstellen, und dem deutschen Äquivalent unten begleitet:

タクシー	**アメリカ**	**クリスマス**
ta-ku-shii	*A-me-ri-ka*	*Ku-ri-su-ma-su*
Taxi	**America**	**Christmas**
"Taxi"	"Amerika"	"Weihnachten"
ホテル	**カメラ**	**フライドポテト**
Ho-te-ru	*Ka-me-ra*	*fu-ra-i-do-po-te-to*
Hotel	**Camera**	**French fries**
"Hotel"	"Kamera"	"Pommes frites"

Bestimmte Silbenlaute sind in Kana schwer zu transkribieren, ähnlich wie Romaji nicht für die genaue Transkription japanischer Laute verwendet werden kann. In den obigen Beispielen haben Sie vielleicht bemerkt, dass es in dem Wort *"Taxi"* keinen *"X"*-Laut gibt. Stattdessen muss ein relativ nahes Äquivalent verwendet werden.

Die folgende Tabelle zeigt die **46 grundlegenden Katakana-Zeichen**. Sie sind auf die gleiche Weise angeordnet wie die Hiragana, mit einer Romaji-Transkription unter jedem Zeichen.

Hinweise:

* ン ist das Katakana-Äquivalent von ん und ist das einzige Zeichen in dieser Tabelle, das wir als Silbe aussprechen, ohne einen der Vokallaute hinzuzufügen.

** ヲ ist das Katakana-Äquivalent von Hiragana を, einer *"Partikel"*, die in der Grammatik verwendet wird. ヲ wird sehr selten verwendet, da Partikel mit Hiragana dargestellt werden. Es dient nur als Ersatz für das を, wenn Texte ausschließlich in Katakana geschrieben sind *(was nicht sehr oft vorkommt!)*

Katakana

	a	i	u	e	o	
	ア a	イ i	ウ u	エ e	オ o	S. 098
k	カ ka	キ ki	ク ku	ケ ke	コ ko	S. 104
s	サ sa	シ shi	ス su	セ se	ソ so	S. 111
t	タ ta	チ chi	ツ tsu	テ te	ト to	S. 117
n	ナ na	ニ ni	ヌ nu	ネ ne	ノ no	S. 125
h	ハ ha	ヒ hi	フ fu	ヘ he	ホ ho	S. 131
m	マ ma	ミ mi	ム mu	メ me	モ mo	S. 138
y	ヤ ya		ユ yu		ヨ yo	S. 144
r	ラ ra	リ ri	ル ru	レ re	ロ ro	S. 149
w	ワ wa		ン* n		ヲ** wo	S. 155

K1. Die Vokal- und K-Spalten

Sie werden die Katakana-Symbole in einer ähnlichen Reihenfolge wie die Hiragana lernen. Die erste Spalte enthält die Zeichen, die für die grundlegenden Vokallaute stehen, gefolgt von der Spalte K mit genau demselben **[Konsonant + Vokal]**-Aussprachemuster.

Symbole in diesem Lernblock.

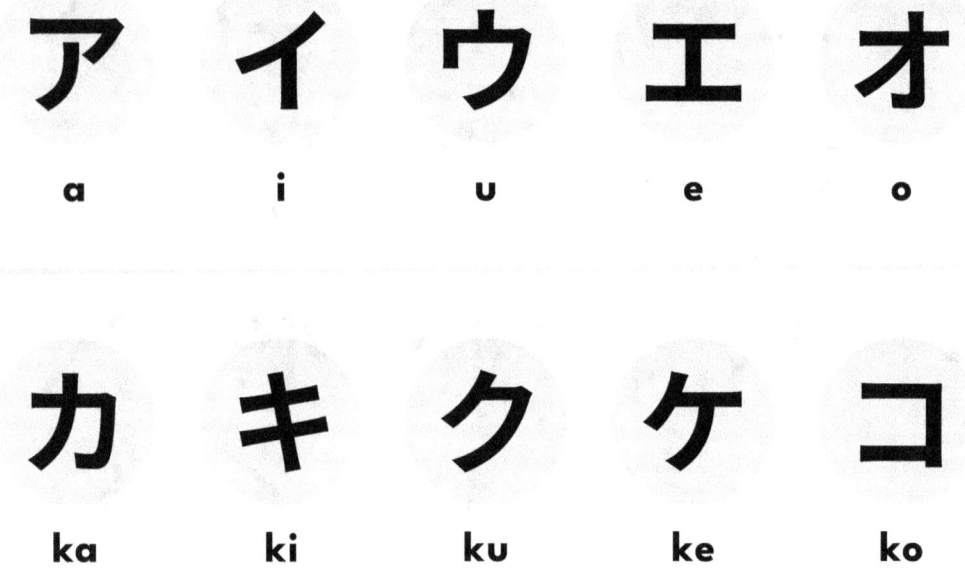

Aussprache

Diese Zeichen werden genau so ausgesprochen wie die ersten zehn Hiragana, die Sie gelernt haben.

Ähnlich wie der "A"-Laut in "Apfel" oder "Vater".

Üben Sie das Schreiben von ア mit zwei Strichen, in der korrekten Strichfolge.

Achten Sie beim Schreiben von ア in kleinem Maßstab auf die Form.

Mnemonik.

Beispiele.
- Der Buchstabe [**A**] um 90 Grad nach rechts gedreht.
-

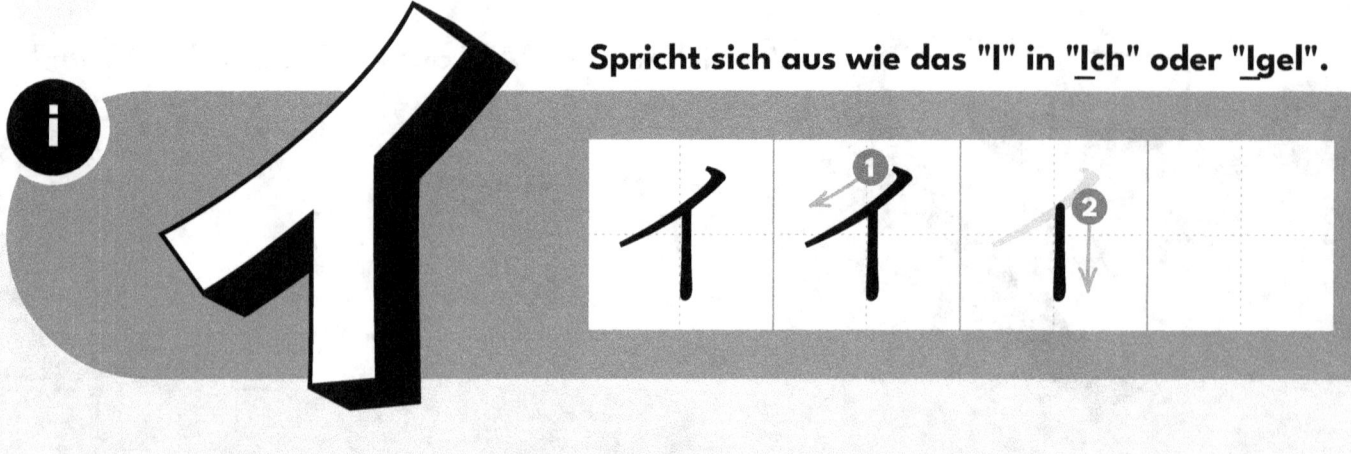

Üben Sie das Schreiben von イ mit zwei Strichen, in der korrekten Strichfolge.

Achten Sie beim Schreiben von イ in kleinem Maßstab auf die Form.

Mnemonik.

Beispiele.

- Es sieht ein bisschen aus wie der Buchstabe [i], aber der obere Punkt wurde gedehnt oder verwischt.

Das klingt wie das "Ü" in "Übung" oder "Über".

Üben Sie das Schreiben von ウ mit drei Strichen, in der korrekten Strichfolge.

Achten Sie beim Schreiben von ウ in kleinem Maßstab auf die Form.

Mnemonik.

Beispiele.

- Dies sieht ähnlich aus wie das Pendant in Hiragana [う].
- Ein auf dem Kopf stehender Buchstabe [U].

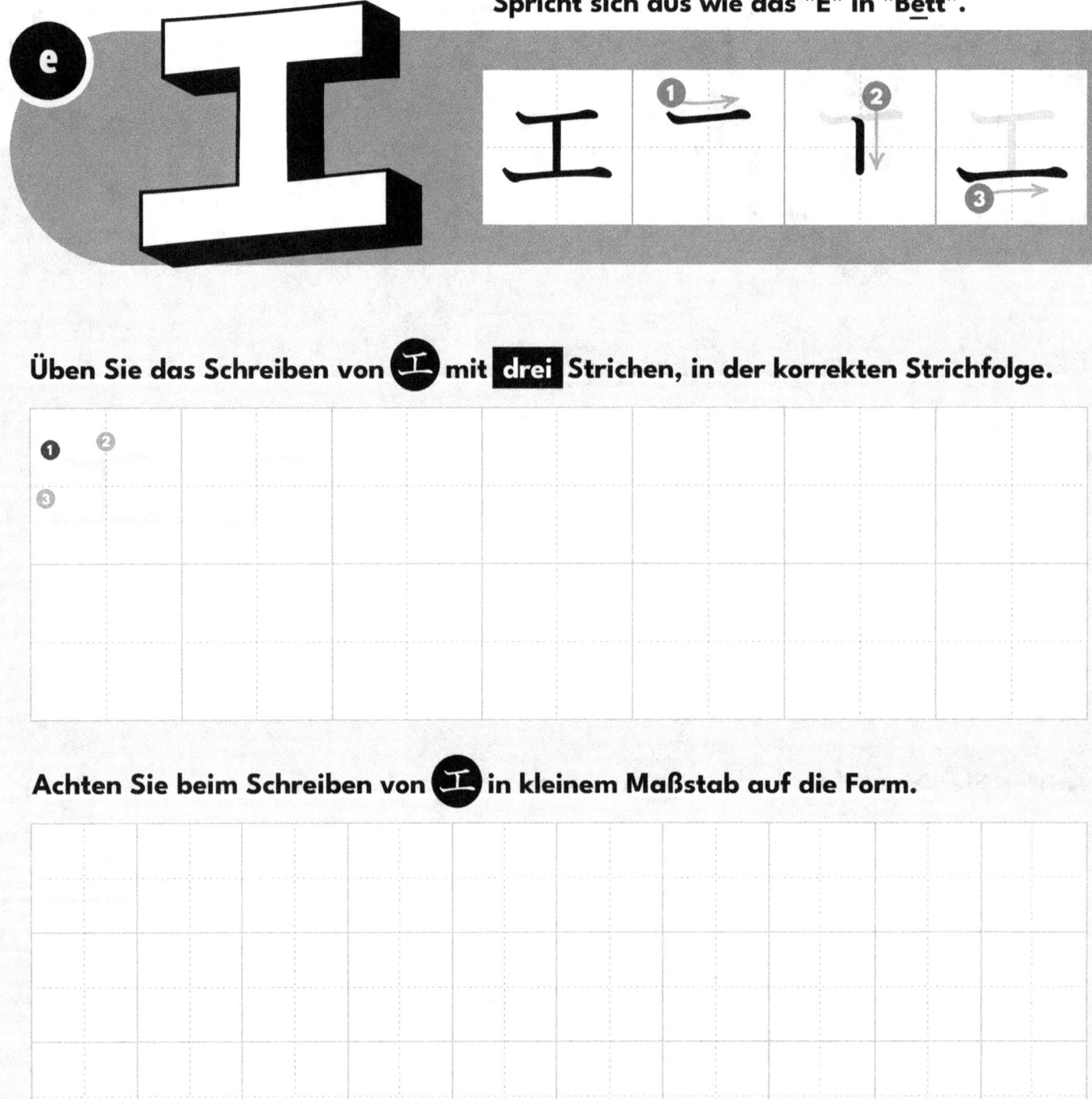

Spricht sich aus wie das "E" in "B<u>e</u>tt".

Üben Sie das Schreiben von エ mit drei Strichen, in der korrekten Strichfolge.

Achten Sie beim Schreiben von エ in kleinem Maßstab auf die Form.

Mnemonik.

Beispiele.

- Das <u>E</u>nde eines <u>E</u>isenträgers.
-

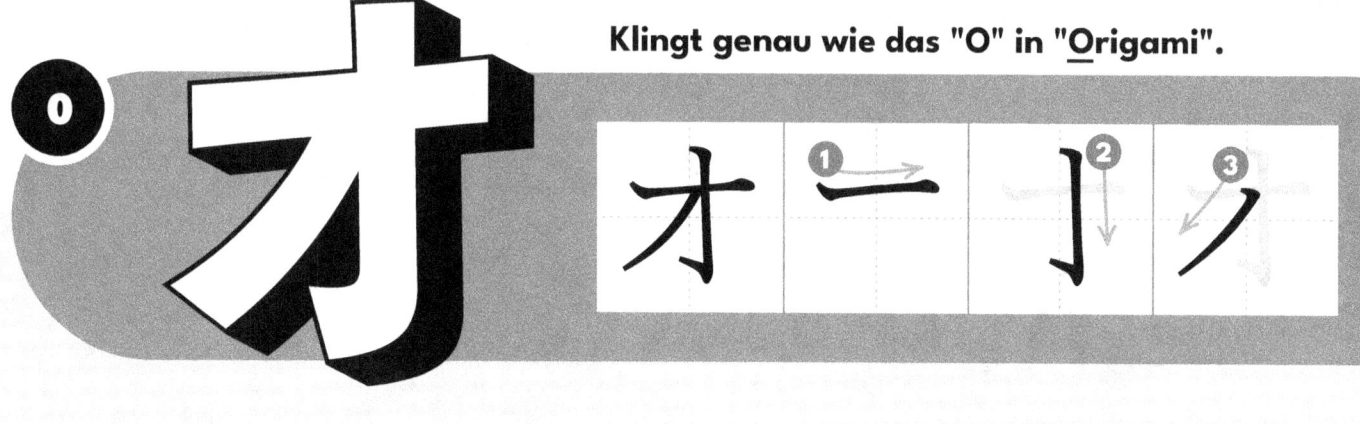

Übung Sie das Schreiben von オ mit drei Strichen, in der korrekten Strichfolge.

Achten Sie beim Schreiben von オ in kleinem Maßstab auf die Form.

Mnemonik.

Beispiele.

- Altes und hist**o**risches Kreuz, das eine zusätzliche Stütze braucht.
- **O**pernsängerin, mit ausgestreckten Armen und flatterndem Frack.

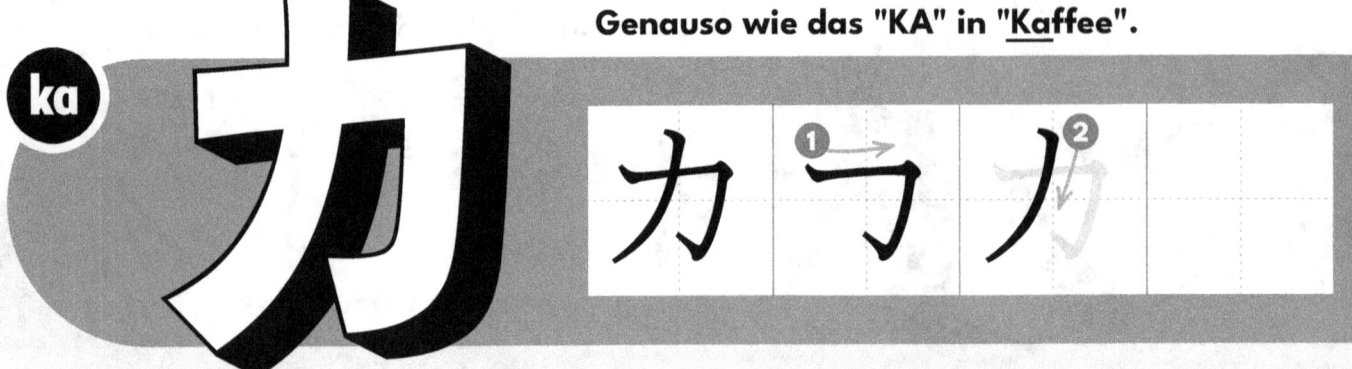

Üben Sie das Schreiben von 力 mit zwei Strichen, in der korrekten Strichfolge.

Achten Sie beim Schreiben von 力 in kleinem Maßstab auf die Form.

Mnemonik.

Beispiele.

- Es sieht dem Hiragana [か] sehr ähnlich, allerdings ohne den dritten Strich.
- Der Henkel einer **Ka**ffeetasse.

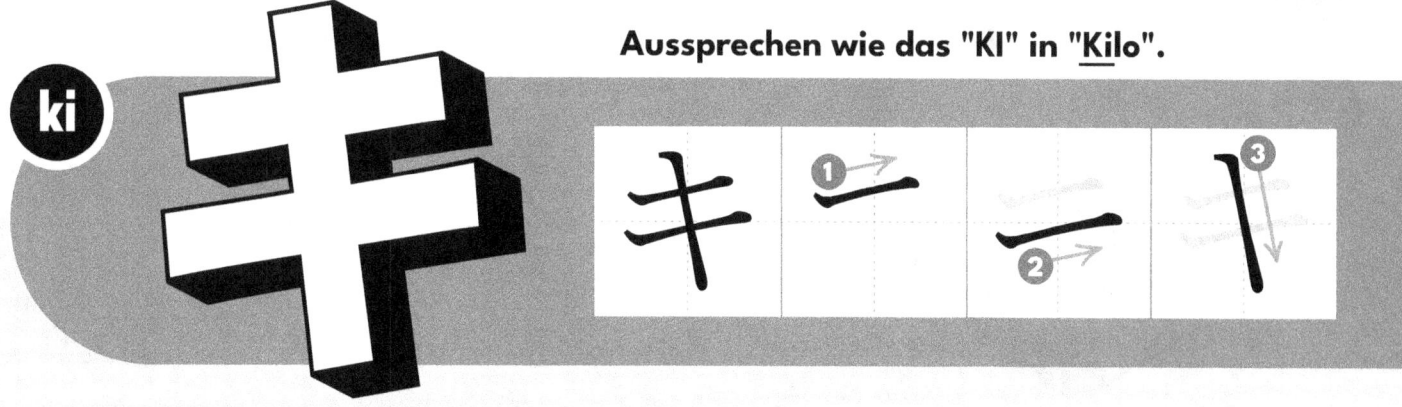

Üben Sie das Schreiben von キ mit drei Strichen, in der korrekten Strichfolge.

Achten Sie beim Schreiben von キ in kleinem Maßstab auf die Form.

Mnemonik.

Beispiele.
- Ähnlich wie sein Gegenstück [き], also leicht zu merken.
-

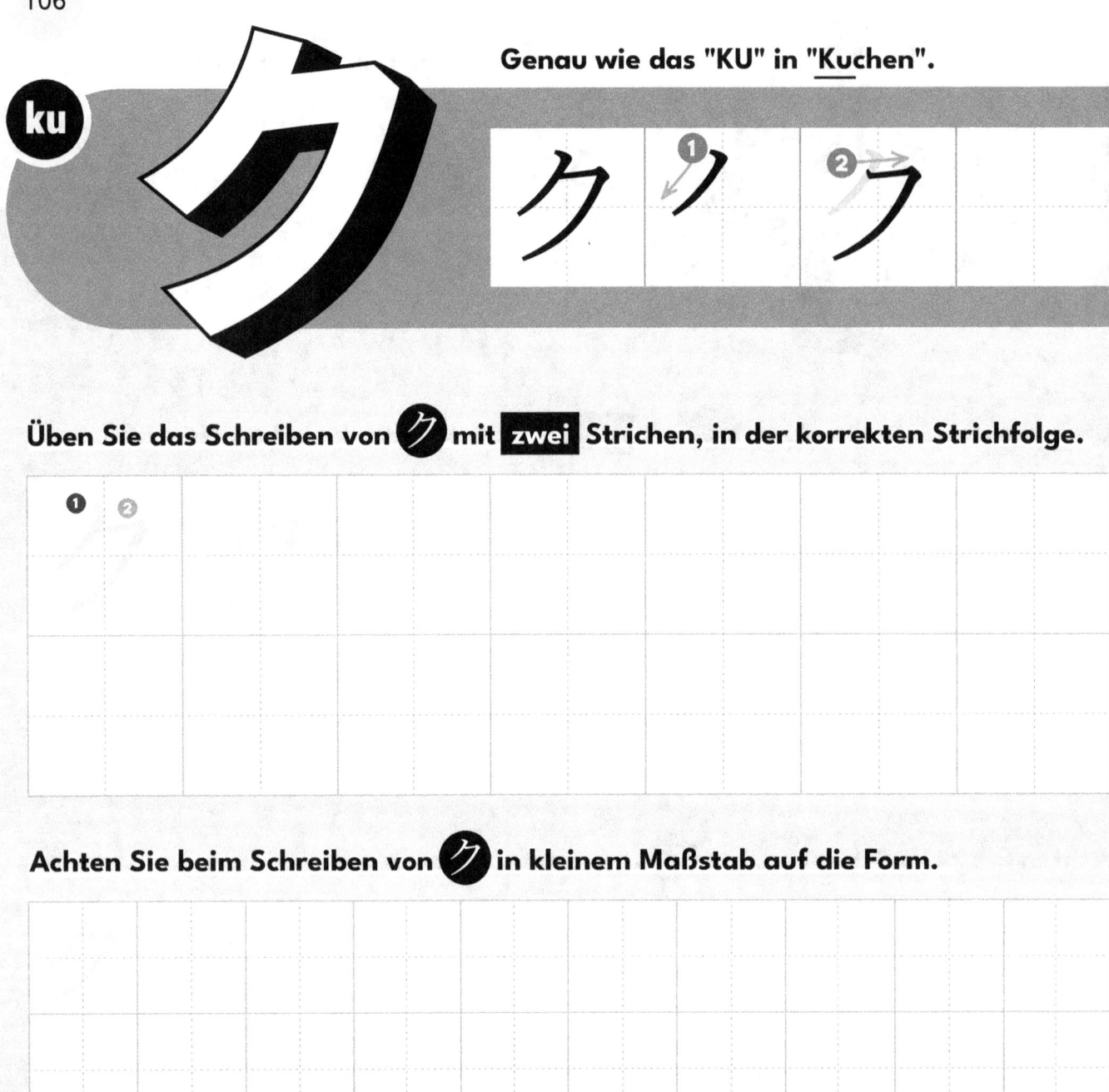

Mnemonik.

Beispiele.

- Stellen Sie sich Schuhe mit <u>Ku</u>fen vor (vielleicht zum Schlittschuhlaufen auf dem Eis).
-

Aussprache ähnlich wie das "KE" in "kennen".

Üben Sie das Schreiben von ケ mit drei Strichen, in der korrekten Strichfolge.

Achten Sie beim Schreiben von ケ in kleinem Maßstab auf die Form.

Mnemonik.

Beispiele.

- Eine Umleitung, um den Ver**ke**hr zu vermeiden.
- Der Buchstabe [**K**].

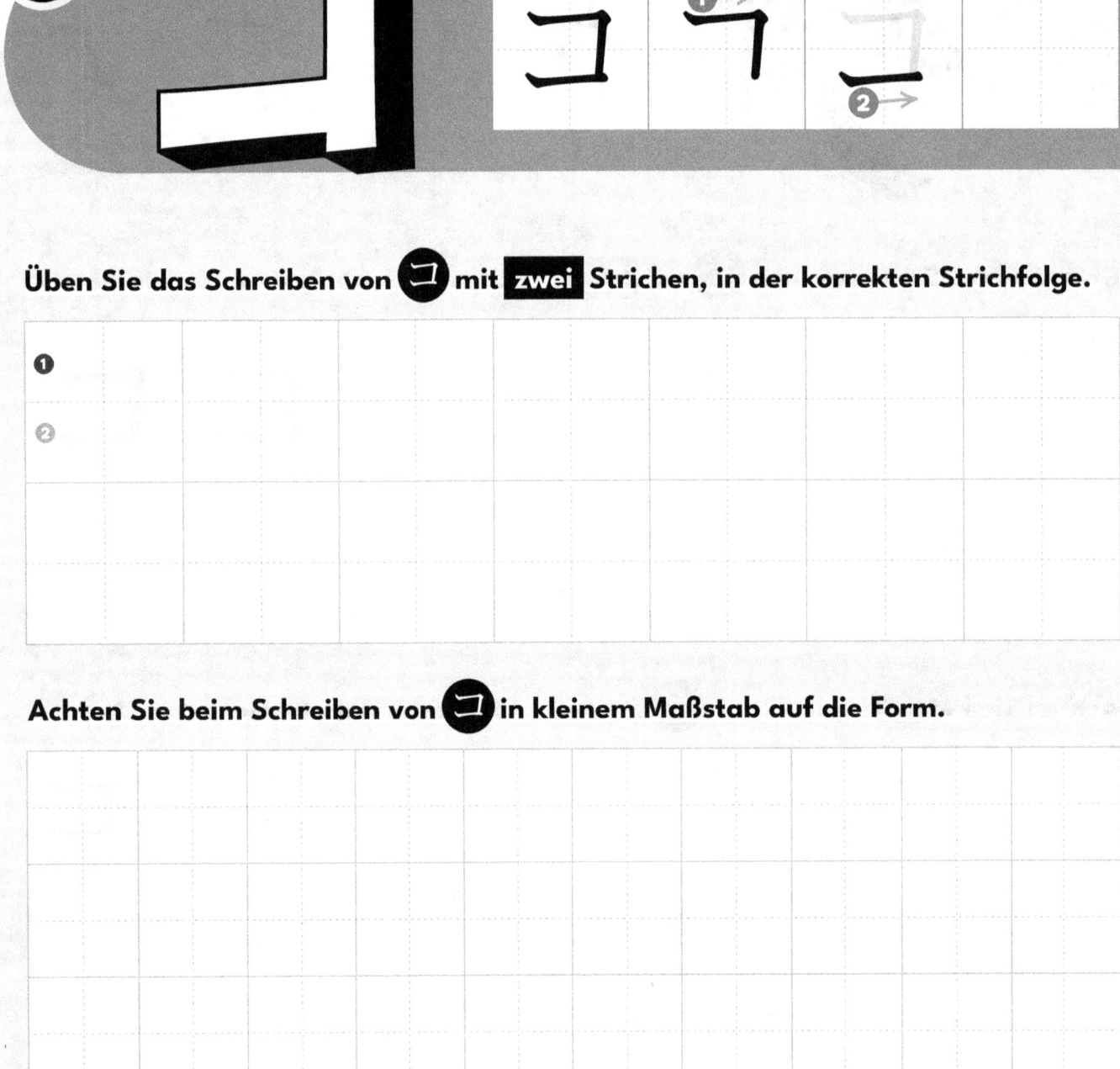

Klingt wie das "KO" in "Koffer".

ko コ

Üben Sie das Schreiben von コ mit zwei Strichen, in der korrekten Strichfolge.

Achten Sie beim Schreiben von コ in kleinem Maßstab auf die Form.

Mnemonik.

Beispiele.

- Dies könnte ein offener **Ko**ffer sein, wie [コ].
-

In dieser ersten Übungsreihe wird getestet, wie gut Sie die Form des neuen Katakana-Symbols mit demselben Laut verbinden können wie sein Hiragana-Gegenstück.

Schreibe die Romaji-Transkription für jedes Zeichen in die folgenden Felder.

Nach einer 5-minütigen Pause wiederholen Sie den Vorgang für diese Zeichen.

Es mag sich einfach anfühlen, aber der Schwierigkeitsgrad steigt, wenn Sie größere Gruppen von Charakteren lernen.

Machen Sie dieses Mal eine 10-minütige Pause, bevor Sie die Aufgabe erledigen.

コ	ウ	ク	カ	イ	キ	ケ	ク	エ	キ	ア	イ	オ	ク

ウ	カ	エ	イ	コ	イ	ウ	ケ	ア	キ	オ	コ	キ	カ

ア	ウ	オ	ク	エ	ク	カ	ケ	コ	オ	ア	ウ	ケ	エ

Schreiben Sie nach einer langen Pause das Romaji für jedes Zeichen unten auf.

キ	ケ	オ	イ	コ	ク	キ	ウ	コ	イ	エ	ア	オ	ク

ク	コ	ウ	カ	オ	ア	ケ	エ	キ	ク	ア	ケ	カ	イ

カ	エ	ウ	ケ	カ	ア	ウ	キ	ク	コ	オ	イ	ウ	エ

K2. Die S- und T-Spalten

Die Zeichen in diesem Abschnitt stammen aus den Spalten S und T der Katakana-Tabelle und haben die gleiche Aussprache wie ihre Hiragana-Entsprechung.

Symbole in diesem Lernblock.

Aussprache

Die gleichen Ausspracheregeln gelten für die Ausnahmen von *"shi"*, *"chi"* und *"tsu"*.

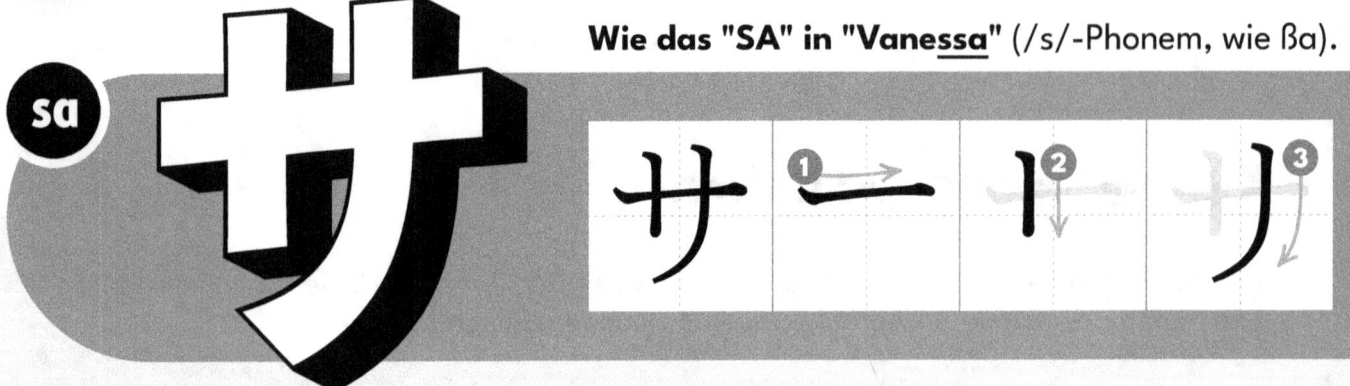

Wie das "SA" in "Vanessa" (/s/-Phonem, wie ßa).

Üben Sie das Schreiben von サ mit drei Strichen, in der korrekten Strichfolge.

Achten Sie beim Schreiben von サ in kleinem Maßstab auf die Form.

Mnemonik.

Beispiele.
- Zwei Fische auf einem Spieß. Der kleine ist eine **Sa**rdelle, der große ist eine **Sa**rdine.
-

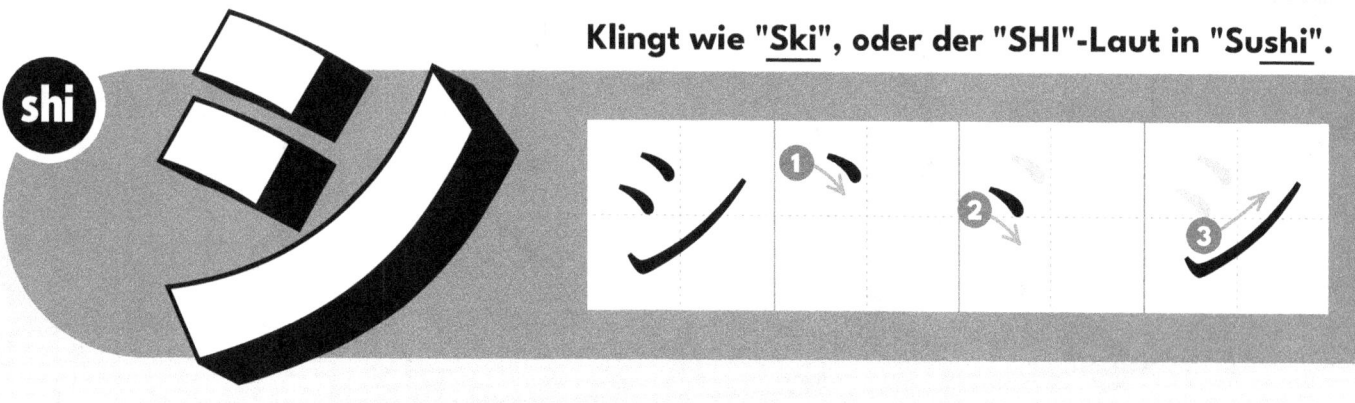

Klingt wie "Ski", oder der "SHI"-Laut in "Sushi".

Üben Sie das Schreiben von シ mit drei Strichen, in der korrekten Strichfolge.

Achten Sie beim Schreiben von シ in kleinem Maßstab auf die Form.

Mnemonik.

Beispiele.

- Ein **Ski**fahrer rollt mit den Beinen in der Luft einen Hang hinunter.
- Die Striche sind mehr horizontal als vertikal. [シ] = "shi" und [ツ] = "tsu"

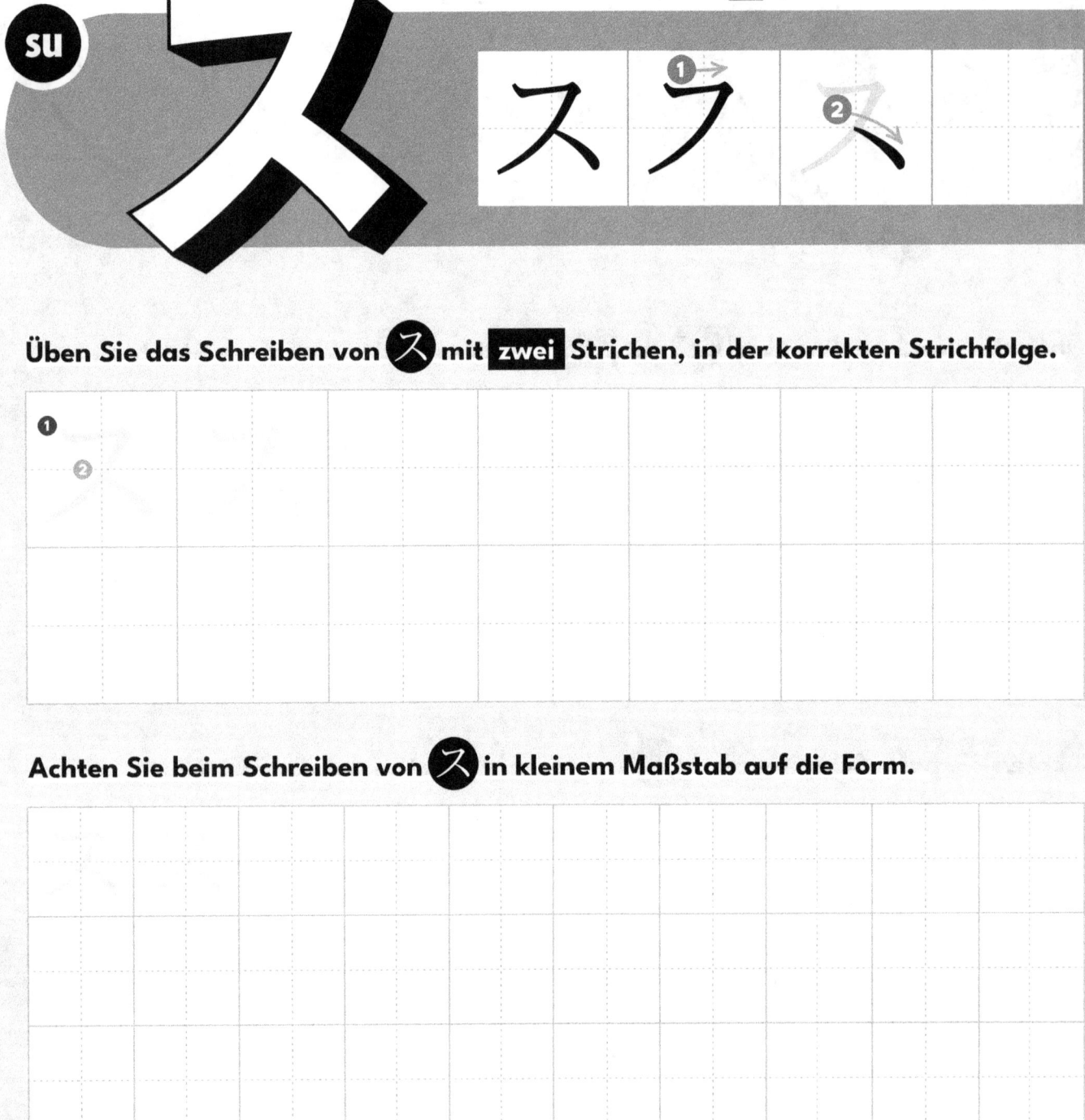

su

"SU"-Laut in "Jiu-Jitsu" (mit /s/-Phonem, wie ßu).

Üben Sie das Schreiben von ス mit zwei Strichen, in der korrekten Strichfolge.

Achten Sie beim Schreiben von ス in kleinem Maßstab auf die Form.

Mnemonik.

Beispiele.

- Ein Kleiderbügel, insbesondere für An**zü**ge.
- Oder ein fliegender **Su**perheld (sehen Sie den Umhang?)

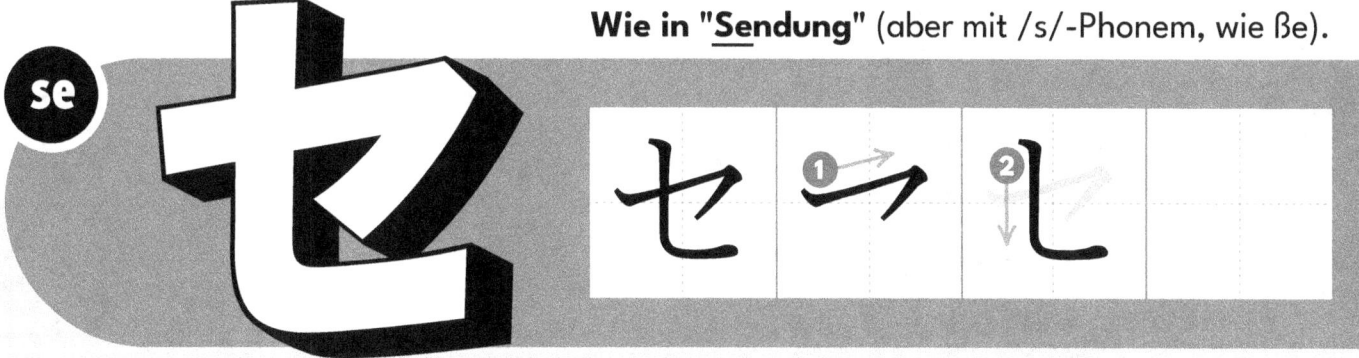

Wie in "Sendung" (aber mit /s/-Phonem, wie ße).

Üben Sie das Schreiben von セ mit zwei Strichen, in der korrekten Strichfolge.

Achten Sie beim Schreiben von セ in kleinem Maßstab auf die Form.

Mnemonik.

Beispiele.

- Es sieht dem Hiragana [せ] sehr ähnlich.
-

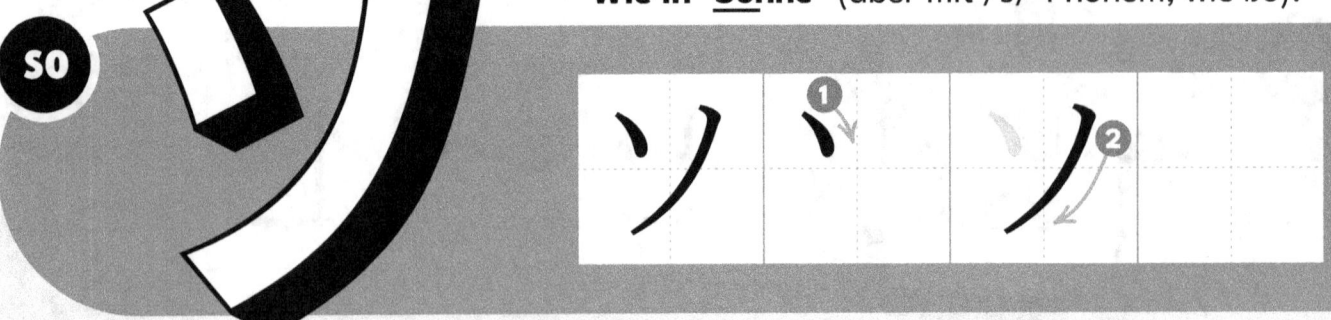

Wie in "Sonne" (aber mit /s/-Phonem, wie ßo).

Üben Sie das Schreiben von ソ mit zwei Strichen, in der korrekten Strichfolge.

Achten Sie beim Schreiben von ソ in kleinem Maßstab auf die Form.

Mnemonik.

Beispiele.
- Eine einzelne Nadel und ein Faden, die für die Reparatur von **So**cken benötigt werden.
- Nadeln zeigen nach unten.
- [ソ] = "so" und [ン] = "n"

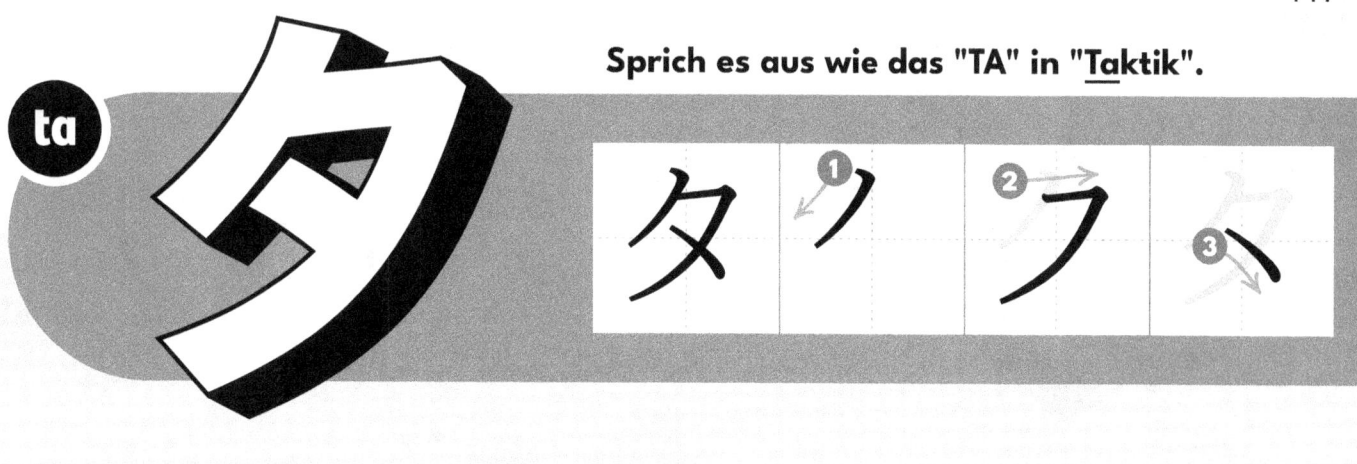

Sprich es aus wie das "TA" in "Taktik".

Üben Sie das Schreiben von タ mit drei Strichen, in der korrekten Strichfolge.

Achten Sie beim Schreiben von タ in kleinem Maßstab auf die Form.

Mnemonik.

Beispiele.

- Die Schuhe von [ク], aber der dritte Strich macht ein X-Zeichen [タ], weil sie kein Talent haben.

Klingt wie das "CHEE" in "Cheeseburger".

Üben Sie das Schreiben von チ mit drei Strichen, in der korrekten Strichfolge.

Achten Sie beim Schreiben von チ in kleinem Maßstab auf die Form.

Mnemonik.

Beispiele.

- Ein **Chee**rleader, der mit weit ausgebreiteten Armen in die Luft springt.
- Jemand, der Tai **Chi** übt

Wie in dem Wort "Tsunami".

Üben Sie das Schreiben von ツ mit drei Strichen, in der korrekten Strichfolge.

Achten Sie beim Schreiben von ツ in kleinem Maßstab auf die Form.

Mnemonik.

Beispiele.
- Zwei Nadeln und ein Faden, mehr **Zu**behör zum Nähen von noch mehr Socken.
- Nadeln zeigen nach unten.
- [ツ] = "tsu" und [シ] = "shi"

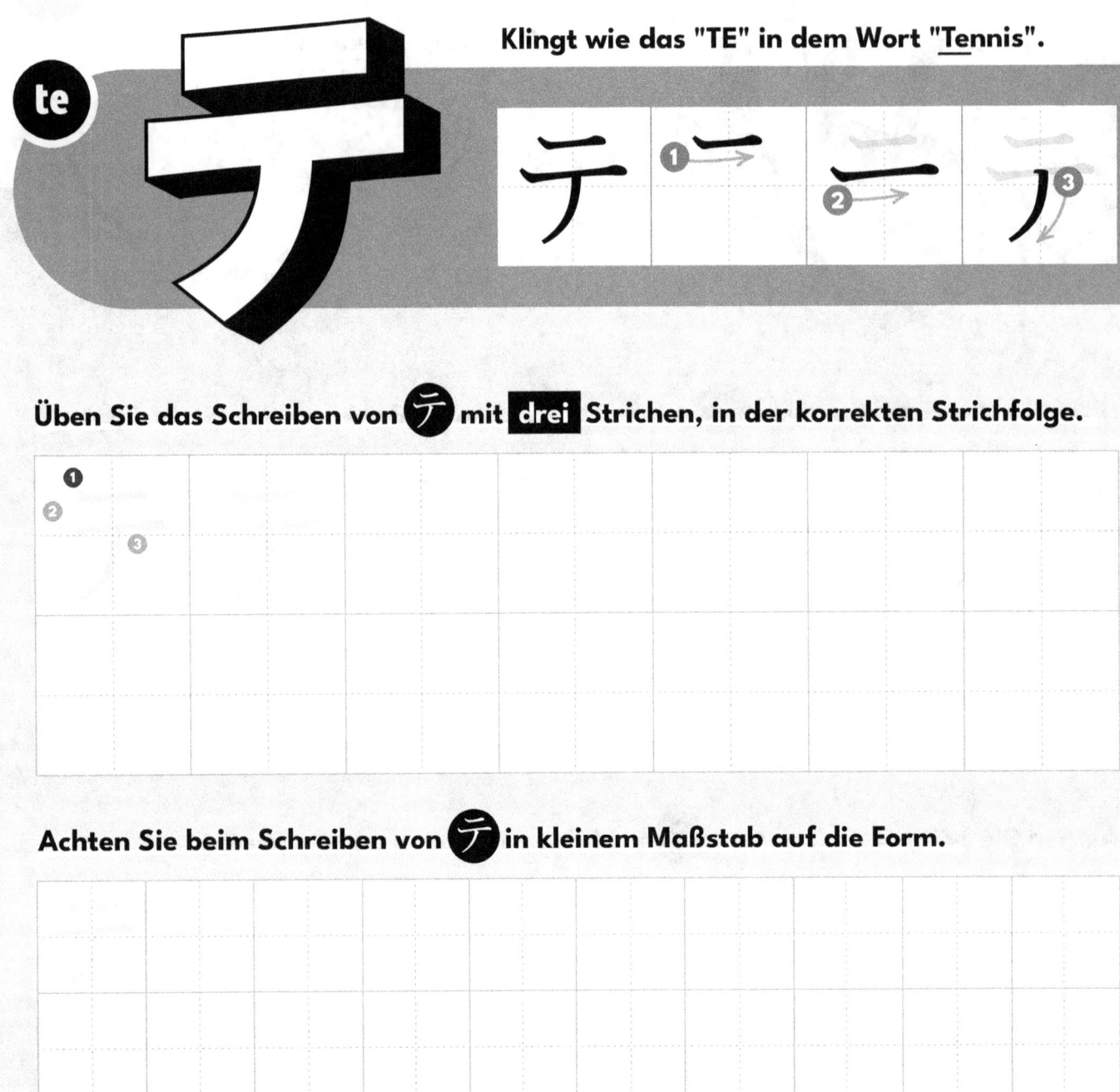

Klingt wie das "TE" in dem Wort "Tennis".

Üben Sie das Schreiben von テ mit drei Strichen, in der korrekten Strichfolge.

Achten Sie beim Schreiben von テ in kleinem Maßstab auf die Form.

Mnemonik.

Beispiele.

- Diese Form könnte wie ein Telefonmast oder ein Telegrafenmast aussehen.
-

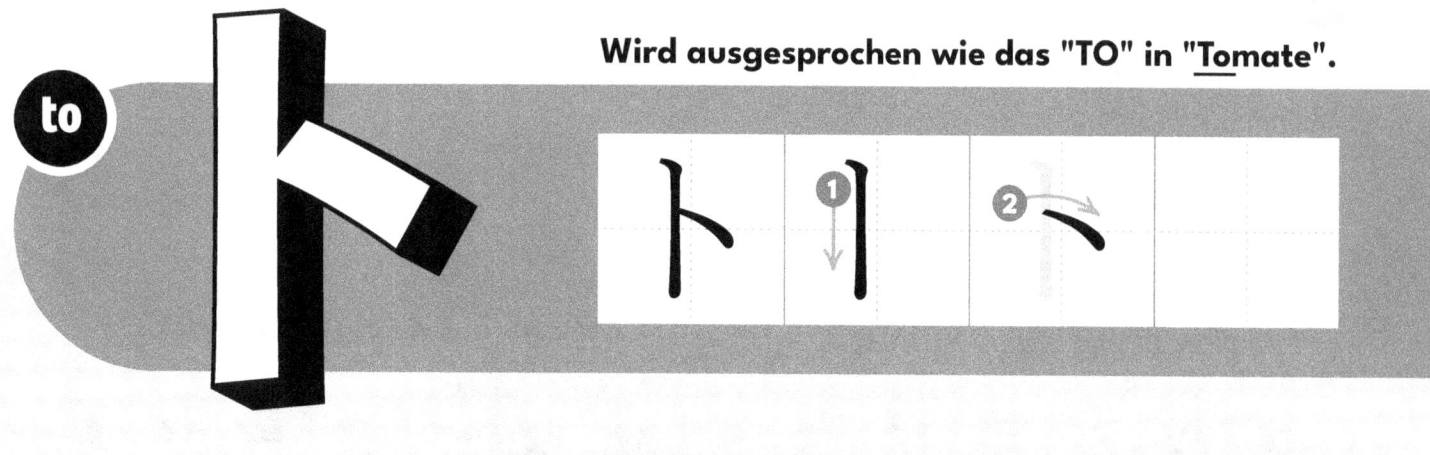

Übung Sie das Schreiben von ㅏ **mit** zwei **Strichen, in der korrekten Strichfolge.**

Achten Sie beim Schreiben von ㅏ **in kleinem Maßstab auf die Form.**

Mnemonik.

Beispiele.

- "Tick **To**ck!" Stellen Sie sich die Zeiger einer Uhr vor.
- Vielleicht ein **To**tempfahl.

Zehn weitere Symbole, also insgesamt zwanzig, die auf diesen Seiten abgerufen werden können.

Schreibe die Romaji-Transkription für jedes Zeichen in die folgenden Felder.

ス	ツ	シ	キ	ソ	ケ	チ	セ	タ	イ	ア	ト	ソ	オ

テ	エ	サ	ス	タ	エ	ウ	セ	コ	テ	イ	カ	ト	ク

タ	テ	ツ	サ	キ	ト	コ	ウ	チ	オ	ス	カ	シ	エ

Nach einer 5-minütigen Pause wiederholen Sie den Vorgang für diese Zeichen.

シ	チ	セ	テ	ソ	タ	ツ	ス	テ	ス	サ	ツ	タ	セ

サ	カ	タ	ト	キ	テ	ケ	サ	チ	ソ	エ	セ	シ	ソ

タ	ス	ツ	ト	イ	セ	ウ	ソ	コ	サ	テ	ス	オ	ト

Machen Sie dieses Mal eine 10-minütige Pause, bevor Sie die Aufgabe erledigen.

エ	タ	チ	セ	サ	コ	チ	オ	エ	ウ	イ	ツ	セ	サ

ソ	シ	テ	ス	イ	ト	シ	イ	サ	セ	オ	ア	ク	チ

テ	ス	ウ	ア	ト	タ	ソ	ツ	タ	オ	キ	ウ	エ	シ

Schreiben Sie nach einer langen Pause das Romaji für jedes Zeichen unten auf.

ソ	チ	タ	サ	エ	サ	チ	ア	テ	セ	ツ	セ	ソ	オ

イ	セ	ス	ト	オ	ク	シ	ス	シ	エ	ア	ウ	タ	ト

エ	シ	イ	オ	コ	キ	テ	ツ	サ	チ	タ	ウ	イ	ウ

Üben Sie das Lesen der bisher gelernten Katakana anhand dieser Beispiele.

Hinweis: Es ist üblich, dass Wörter in Katakana horizontale Linien haben. Sie zeigen an, dass der Vokallaut des vorherigen Zeichens in der Länge verdoppelt werden sollte. Zum Beispiel: カ = ka , und カー = ka-a. (Sie werden später mehr darüber erfahren)

カツ
Kotelett

アイス
Eis

ケーキ
Kuchen

アウト
aus

サーチ
Suche

コート
Mantel

ツアー
Tour

テスト
Test

シーツ
Blatt

コーチ
Coach

ソース
Sauce

スキー
Skifahren

タクシー
Taxi

ステーキ
Steak

セーター
Pullover

サーカス
Zirkus

オーケー
ok

エーカー
acre

K3. Die N- und H-Spalten

Ein weiterer Block mit zehn Symbolen zum Lernen. Diesmal geht es um Katakana aus den Spalten N und H. Eine Ausnahme von dem üblichen Muster ist wieder *"fu"* anstelle von *"hu"*. Der Klang liegt irgendwo zwischen *"hu"* und *"fu"*, etwa *"hfu"*.

Symbole in diesem Lernblock.

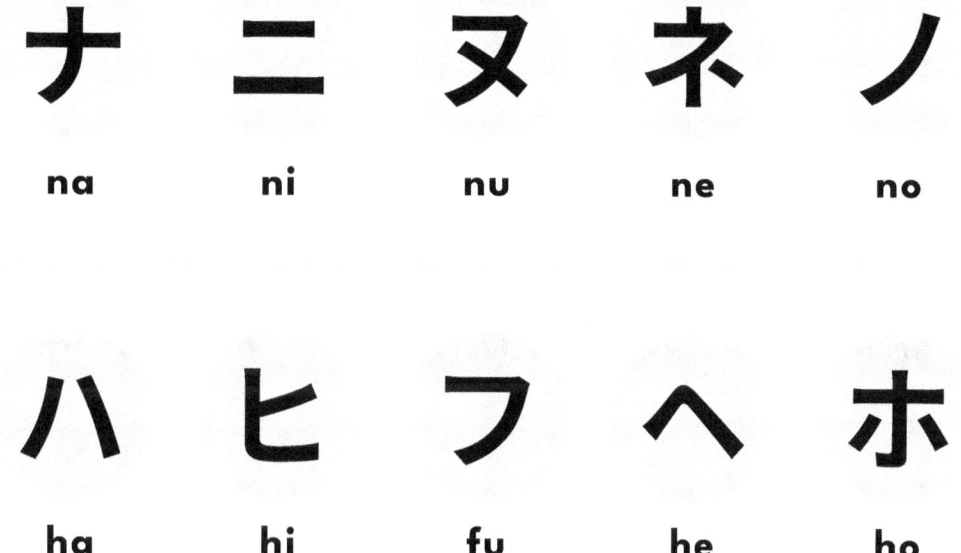

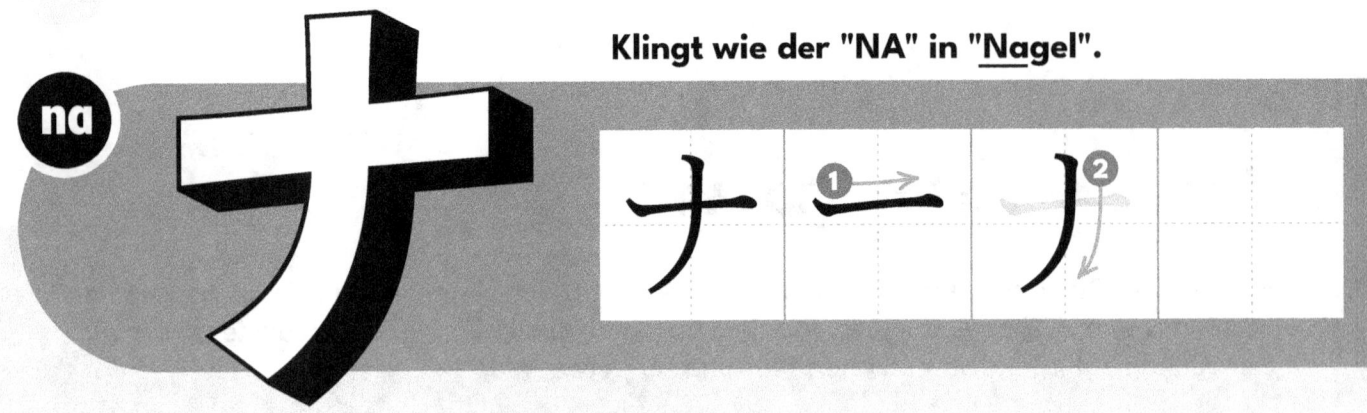

Klingt wie der "NA" in "Nagel".

Üben Sie das Schreiben von ナ mit zwei Strichen, in der korrekten Strichfolge.

Achten Sie beim Schreiben von ナ in kleinem Maßstab auf die Form.

Mnemonik.

Beispiele.

- Ein Zettel, an die Wand ge**na**gelt.
  Der **Na**gel aus Hiragana [な].
- Vielleicht ist es ein **Na**rwal.

ni

Ähnlich wie der "NI-"-Laut in "<u>ni</u>emals".

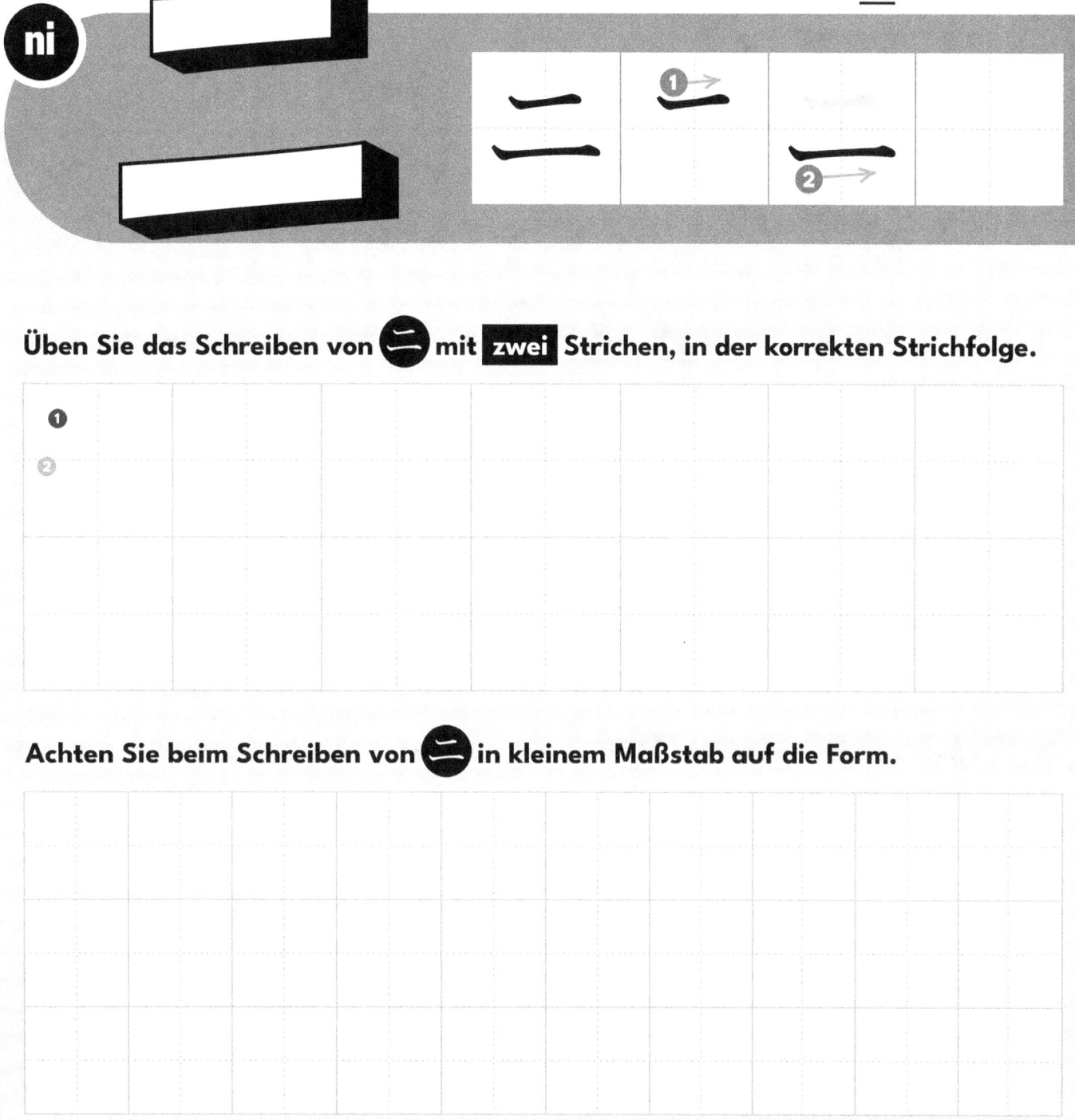

Üben Sie das Schreiben von ⊜ **mit** **zwei** **Strichen, in der korrekten Strichfolge.**

❶
❷

Achten Sie beim Schreiben von ⊜ **in kleinem Maßstab auf die Form.**

Mnemonik.

Beispiele.

- "ichi, <u>**ni**</u>, san…"
- Diese beiden Zeilen ergeben auf Japanisch die **Zahl 2**, die als "<u>**ni**</u>" ausgesprochen wird.

nu — ヌ

Wie das "NU" in "Nudeln".

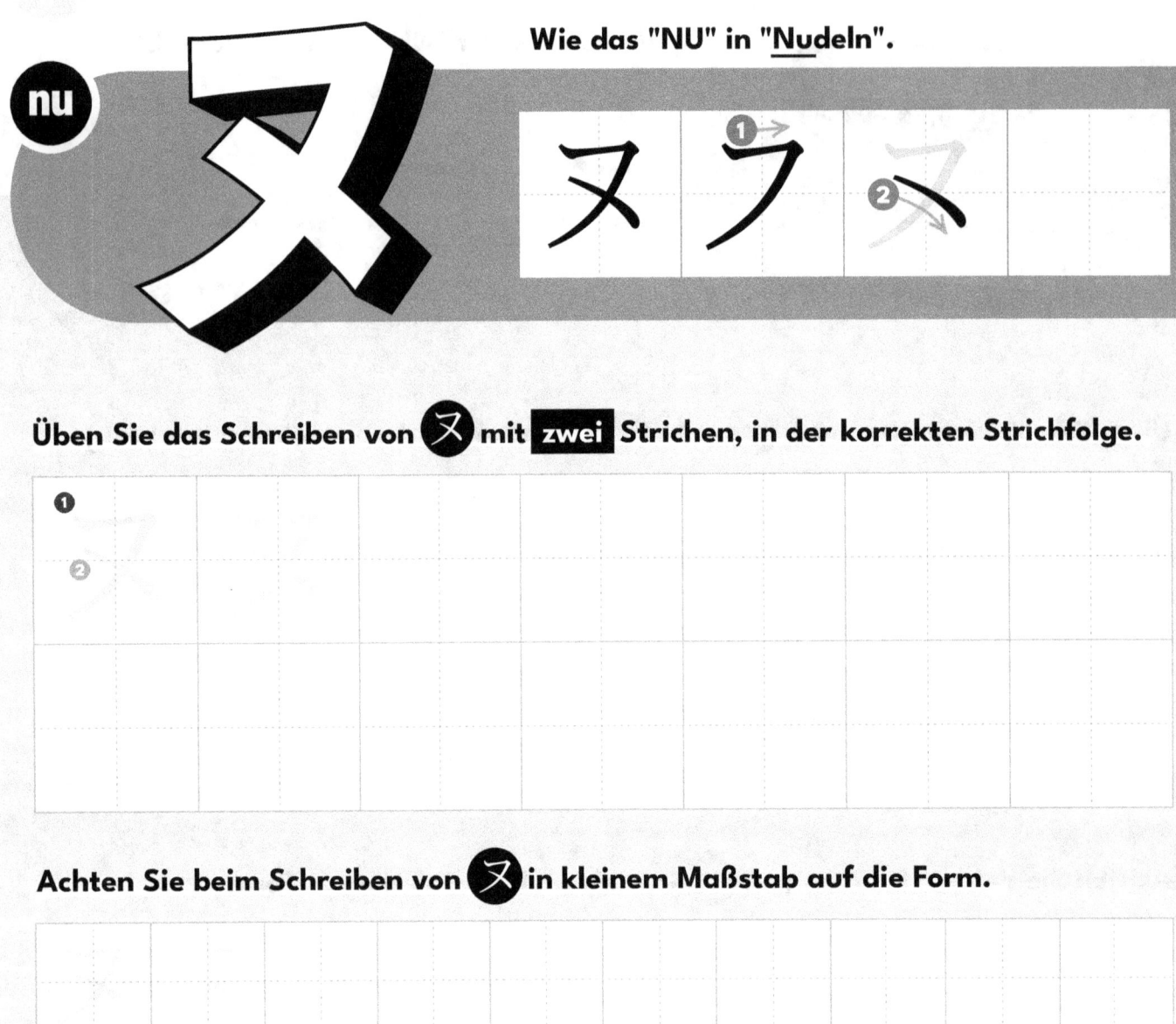

Üben Sie das Schreiben von ヌ mit zwei Strichen, in der korrekten Strichfolge.

Achten Sie beim Schreiben von ヌ in kleinem Maßstab auf die Form.

Mnemonik.

Beispiele.

- Das sieht der **Nu**mmer 7 sehr ähnlich.
- Oder Stäbchen, die eine lange **Nu**del aus einer Schüssel ziehen.

129

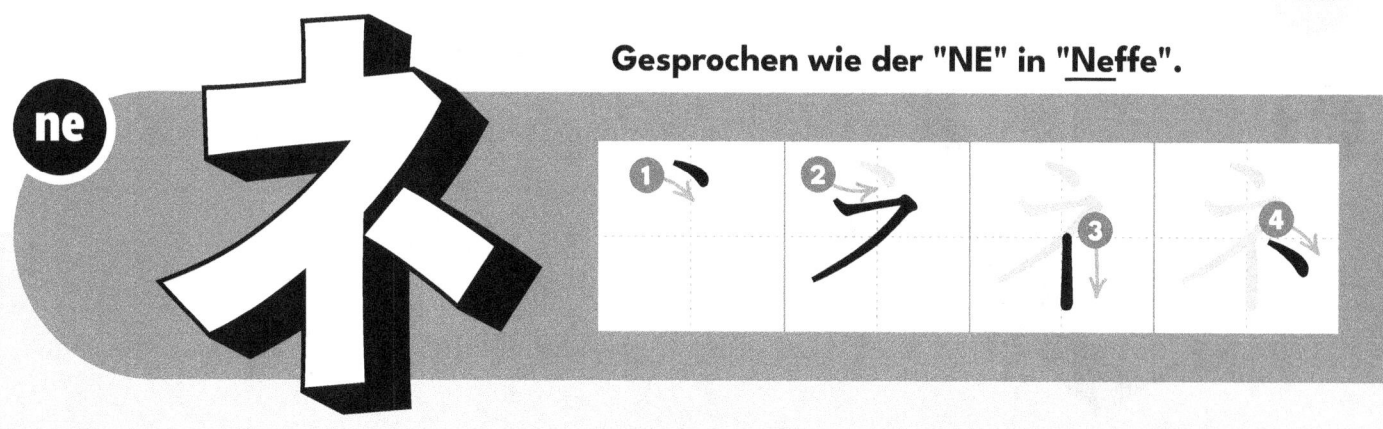

Gesprochen wie der "NE" in "Neffe".

Üben Sie das Schreiben von ネ mit **vier** Strichen, in der korrekten Strichfolge.

Achten Sie beim Schreiben von ネ in kleinem Maßstab auf die Form.

Mnemonik.

Beispiele.

- Es könnte ein Fisch**ne**tz sein.
- Oder vielleicht ist es ein Baum, und er ist voller Vogel**ne**ster.

no ノ

Wie bei dem Wort "Norden".

Üben Sie das Schreiben von ノ mit einem Strichen, in der korrekten Strichfolge.

Achten Sie beim Schreiben von ノ in kleinem Maßstab auf die Form.

Mnemonik.

Beispiele.

- Teil der Hiragana [の], ein Schild, das "Zutritt verboten" oder "**No!**" bedeutet.
- Ein Kompass zeigt nach **No**rden.

ha ハ

Klingt wie das "HA" in "Hasen".

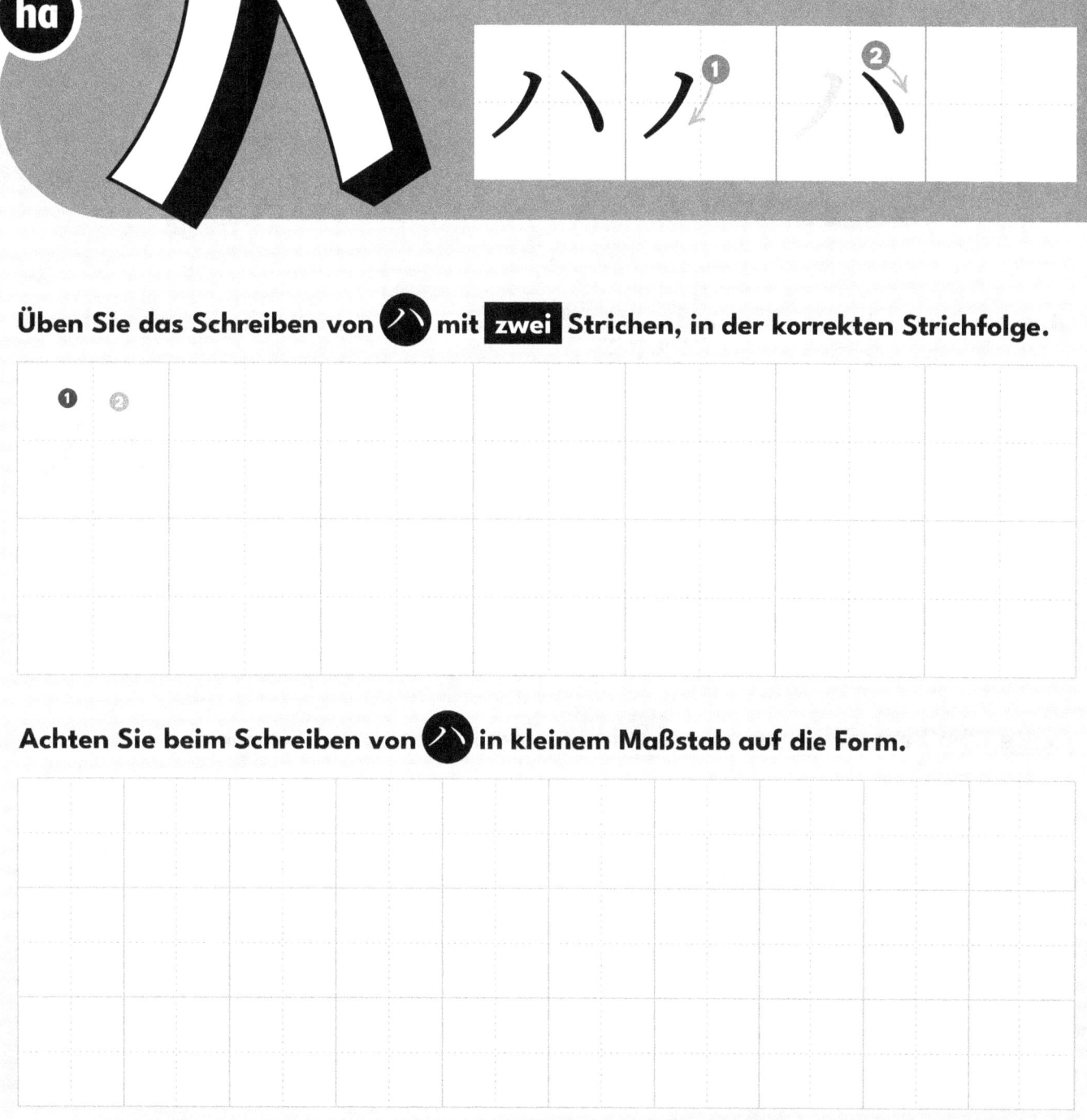

Üben Sie das Schreiben von ハ mit zwei Strichen, in der korrekten Strichfolge.

Achten Sie beim Schreiben von ハ in kleinem Maßstab auf die Form.

Mnemonik.

Beispiele.

- **Ha**sen haben lange Ohren und zwei große Zähne.
- Ein geknickter Bleistift, oder zwei, die **ha**lb so groß sind.

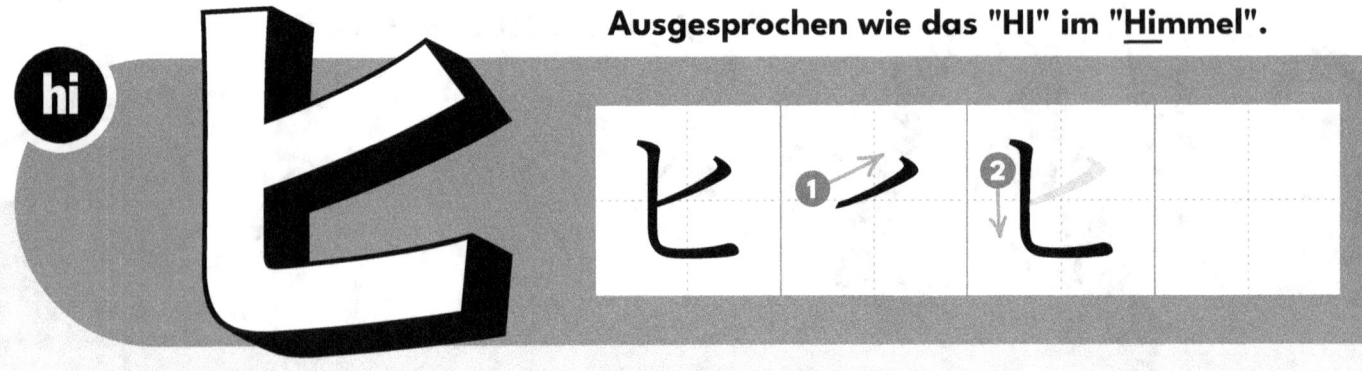

Ausgesprochen wie das "HI" im "Himmel".

Üben Sie das Schreiben von ヒ mit zwei Strichen, in der korrekten Strichfolge.

Achten Sie beim Schreiben von ヒ in kleinem Maßstab auf die Form.

Mnemonik.

Beispiele.

- Vielleicht ist es ein Diagramm mit **hi**mmelhohen Verkaufszahlen!
- Der Umriss eines grinsenden Mundes… "tee **hi hi**!"

133

fu フ   Klingt wie das "FU" in "**Fu**ß" und "HU" in "H**u**f".

Üben Sie das Schreiben von フ **mit einem Strichen, in der korrekten Strichfolge.**

Achten Sie beim Schreiben von フ **in kleinem Maßstab auf die Form.**

Mnemonik.

Beispiele.
- Ein weit geöffnetes Maul, das leicht zu **fü**ttern wäre.
- Die 7. Kung-**Fu**-Pose!* Ein seitliches [V] für "Viper"

Fiktiv, aber lustig zum Erinnern!

he — Wie bei dem Wort "**H**exen".

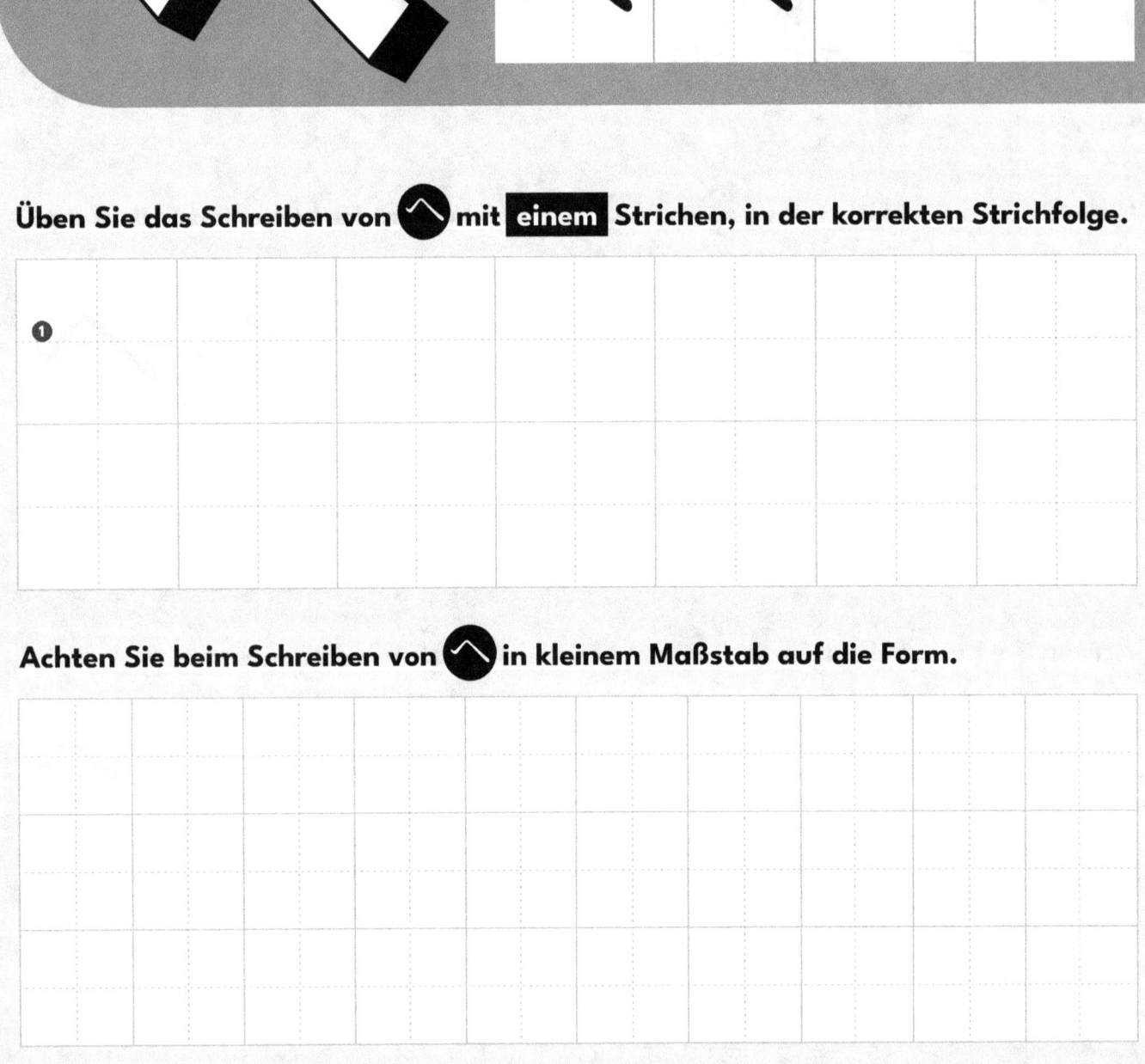

Üben Sie das Schreiben von ⌒ mit einem Strichen, in der korrekten Strichfolge.

Achten Sie beim Schreiben von ⌒ in kleinem Maßstab auf die Form.

Mnemonik.

Beispiele.

- Genau wie das Hiragana [⌒].
- Die Form eines **He**xenhutes.

135

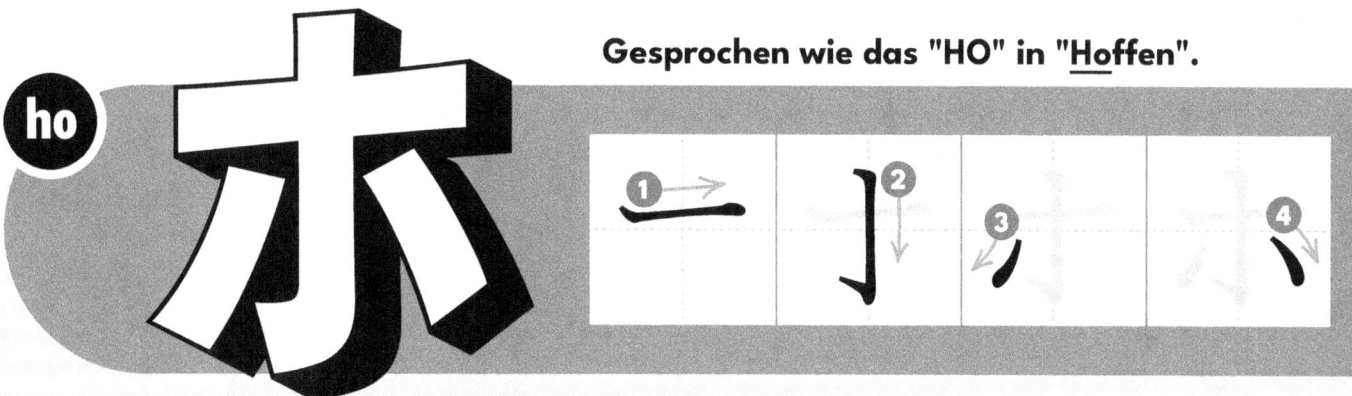

Gesprochen wie das "HO" in "**Ho**ffen".

Üben Sie das Schreiben von ホ mit vier Strichen, in der korrekten Strichfolge.

Achten Sie beim Schreiben von ホ in kleinem Maßstab auf die Form.

Mnemonik.

Beispiele.

- Die Form eines **Ho**lzkreuzes.
- Die zusätzlichen Linien sind Lichtstrahlen, denn es ist das **Ho**chheilige Kreuz.

Mit mehreren ähnlichen Formen unter den Zeichen in den Gruppen sollte dies Ihre Gedächtnisleistung fördern. Wenn diese Aufgabe zu einfach wird, setzen Sie sich selbst unter Zeitdruck und versuchen Sie, sich zu verbessern.

Schreibe die Romaji-Transkription für jedes Zeichen in die folgenden Felder.

ニ	テ	ネ	ホ	ヘ	ネ	ヒ	ト	フ	ヌ	ホ	ヘ	ヌ	チ

ヘ	ホ	ヌ	ネ	ス	ニ	ヒ	コ	フ	ニ	ヌ	ハ	ナ	ソ

フ	ハ	ノ	ハ	オ	ノ	ナ	ヒ	ハ	ヒ	ホ	ネ	タ	ナ

Nach einer 5-minütigen Pause wiederholen Sie den Vorgang für diese Zeichen.

セ	ノ	オ	コ	オ	ツ	キ	ナ	ス	フ	シ	チ	ヒ	ク

ア	ケ	テ	ツ	エ	ハ	カ	ニ	サ	ヌ	ケ	シ	ソ	タ

セ	ソ	キ	ホ	ト	コ	ウ	ネ	イ	ク	ウ	チ	サ	ア

Machen Sie dieses Mal eine 10-minütige Pause, bevor Sie die Aufgabe erledigen.

ツ	テ	チ	ト	キ	エ	ホ	ノ	サ	イ	ヒ	フ	ニ	シ

セ	ソ	ス	テ	コ	ニ	ハ	ネ	ヌ	ヘ	ツ	ネ	ヌ	ウ

ナ	シ	サ	タ	セ	タ	ヘ	ナ	チ	ス	ノ	ホ	ア	ハ

Schreiben Sie nach einer langen Pause das Romaji für jedes Zeichen unten auf.

エ	ハ	ヒ	チ	テ	ホ	ヘ	ツ	セ	イ	ト	ヌ	ソ	ウ

ナ	ヘ	タ	サ	ツ	ス	テ	タ	ノ	ネ	ヌ	ス	セ	ニ

ニ	コ	ホ	ノ	シ	ネ	ア	ハ	ナ	サ	チ	フ	シ	キ

K4. Die M- und Y-Spalten

Diese acht Zeichen decken die Laute in den Spalten M- und Y- ab.

Symbole in diesem Lernblock.

Aussprache

Sie werden alle auf die gleiche Weise ausgesprochen wie ihre Hiragana-Pendants.

ma マ

Genau wie das "MA" in "Mann".

Üben Sie das Schreiben von マ mit zwei Strichen, in der korrekten Strichfolge.

Achten Sie beim Schreiben von マ in kleinem Maßstab auf die Form.

Mnemonik.

Beispiele.
- Die Berechnung des großen Winkels erfordert **Ma**thematik.
-

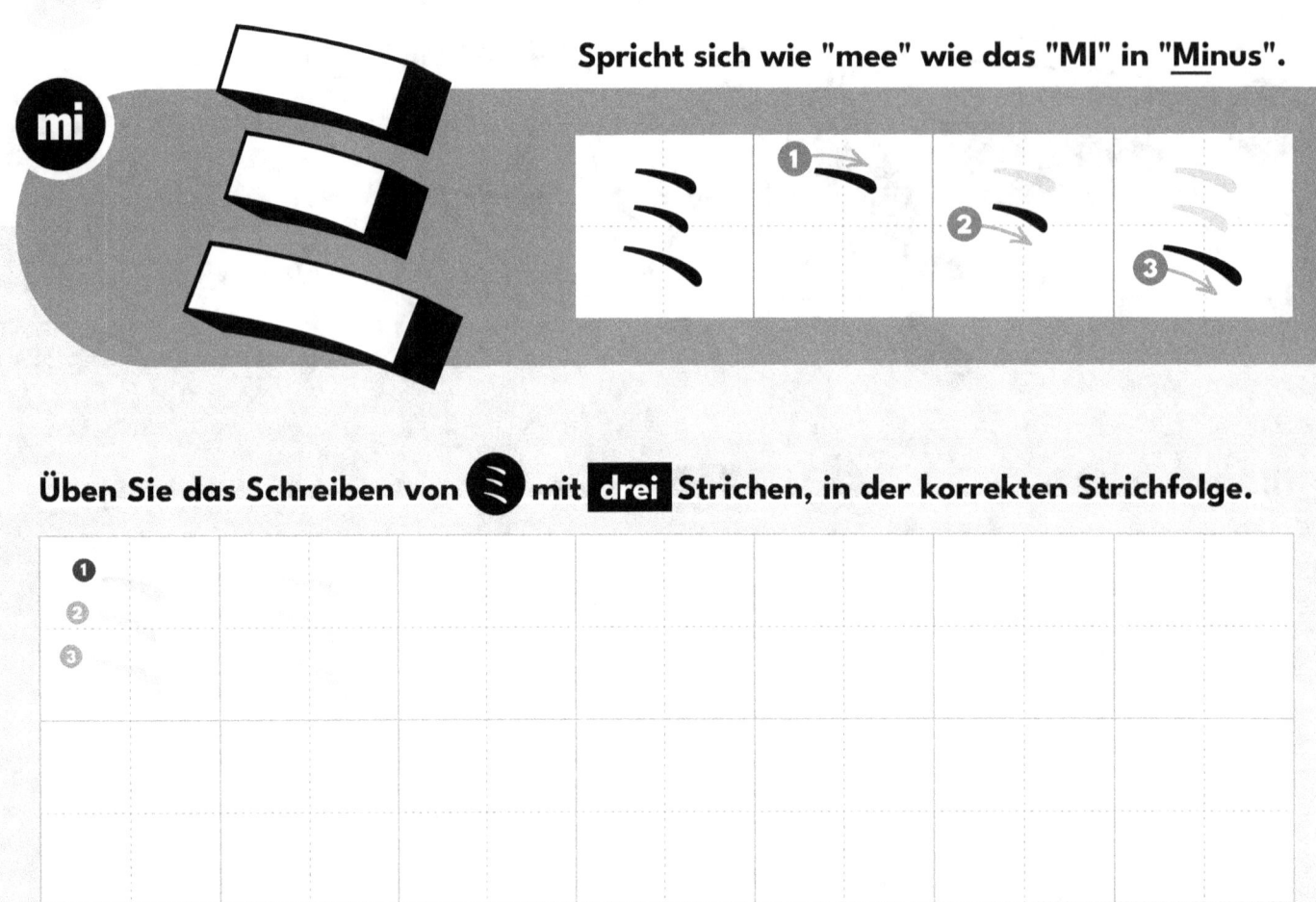

Spricht sich wie "mee" wie das "MI" in "Minus".

Üben Sie das Schreiben von ミ mit drei Strichen, in der korrekten Strichfolge.

Achten Sie beim Schreiben von ミ in kleinem Maßstab auf die Form.

Mnemonik.

Beispiele.
- Drei **Mi**nuszeichen.
- Der Buchstabe [E] ist in der **Mi**tte nach unten geschnitten.
- Sieht aus wie ein Kratzer von einer Katze... "**Mi**au!"

mu — Wie das "MU" in dem Wort "<u>Mu</u>sik".

Üben Sie das Schreiben von ム mit zwei Strichen, in der korrekten Strichfolge.

Achten Sie beim Schreiben von ム in kleinem Maßstab auf die Form.

Mnemonik.

Beispiele.
- Die Triangel ist ein einfaches **Mu**sikinstrument!
-

142

Klingt ähnlich wie das "ME" in "Mentor".

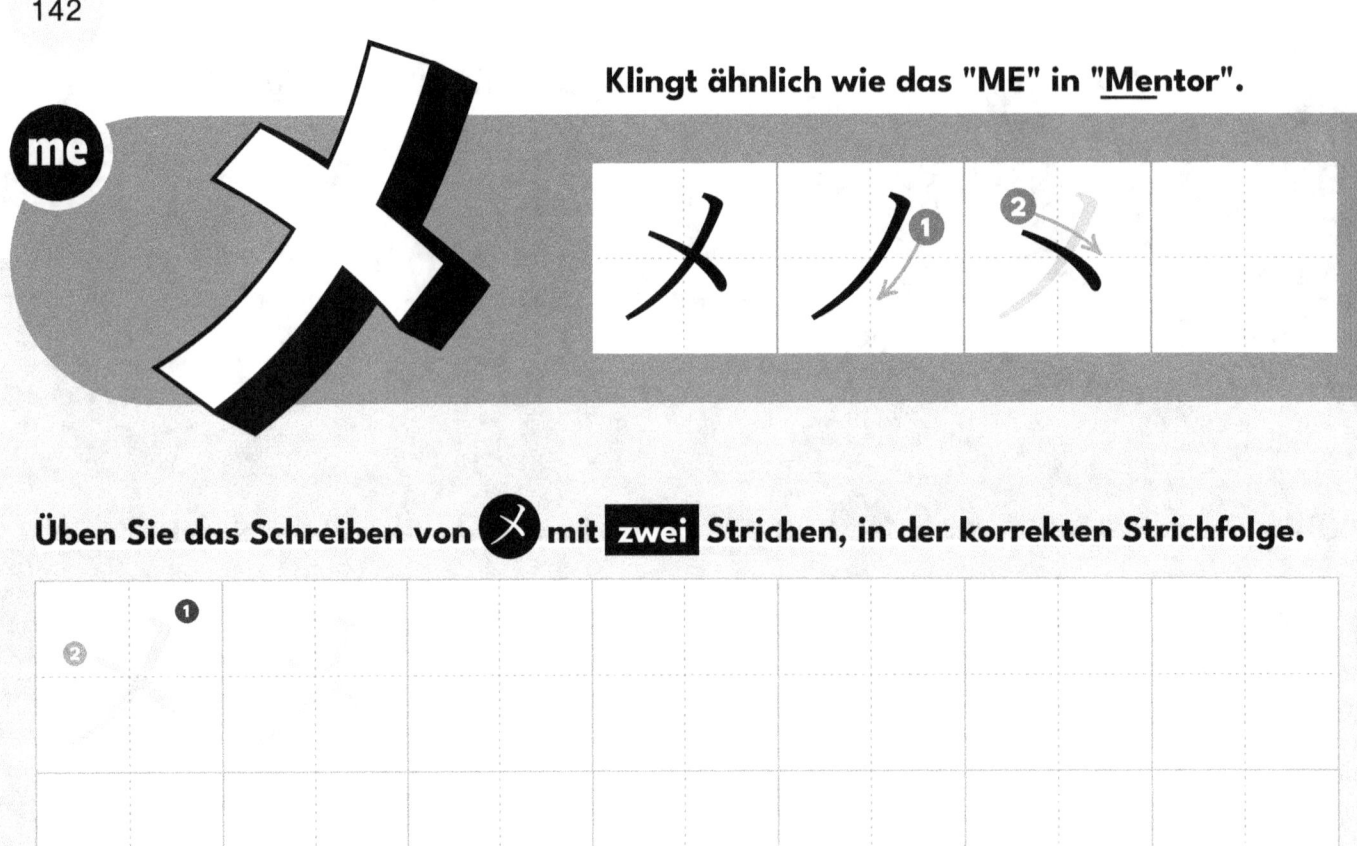

Üben Sie das Schreiben von ✕ mit zwei Strichen, in der korrekten Strichfolge.

Achten Sie beim Schreiben von ✕ in kleinem Maßstab auf die Form.

Mnemonik.

Beispiele.

- Das **X** kennzeichnet die Stelle, an der Edel**me**talle (Gold) vergraben sind.
- Der Film "X-**Mä**nner"

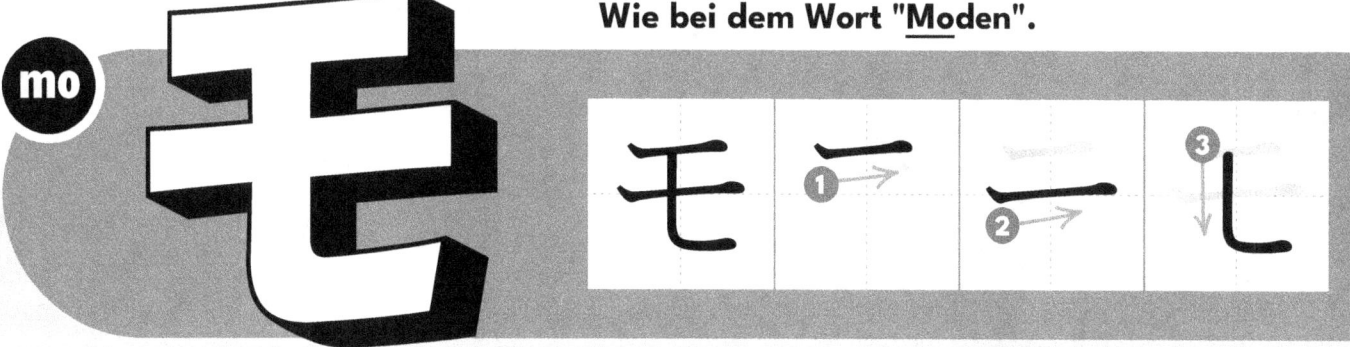

mo — Wie bei dem Wort "**M**oden".

Üben Sie das Schreiben von モ mit drei Strichen, in der korrekten Strichfolge.

Achten Sie beim Schreiben von モ in kleinem Maßstab auf die Form.

Mnemonik.

Beispiele.
- Ganz ähnlich wie die Hiragana [も]...
- Der **mo**dische Angelhaken.

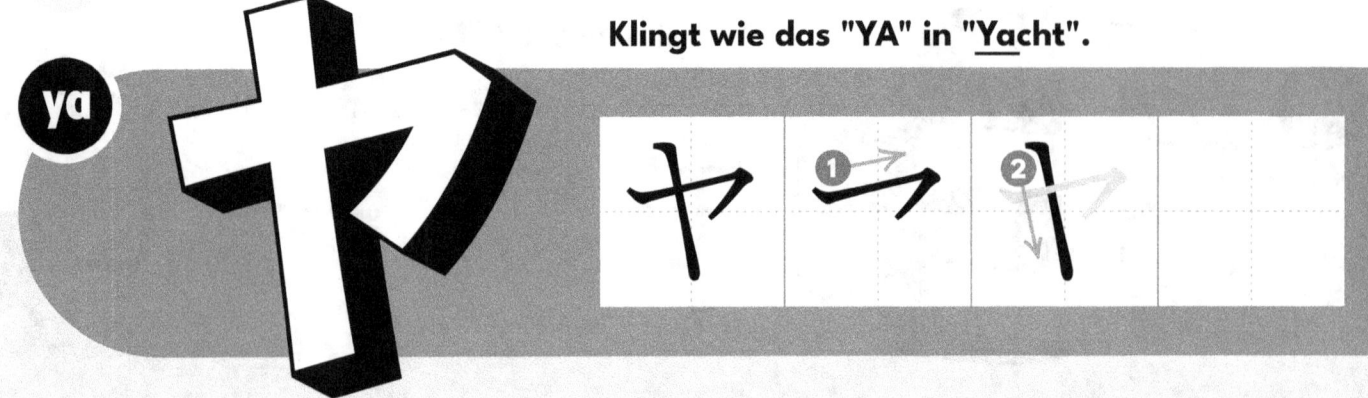

Klingt wie das "YA" in "Yacht".

Üben Sie das Schreiben von ヤ mit zwei Strichen, in der korrekten Strichfolge.

Achten Sie beim Schreiben von ヤ in kleinem Maßstab auf die Form.

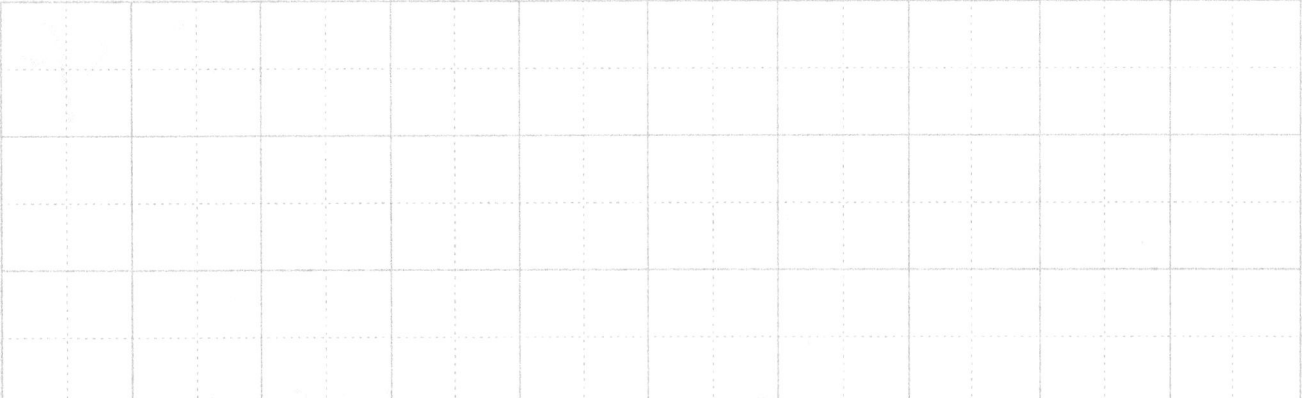

Mnemonik.

Beispiele.

- Fast dasselbe wie Hiragana [や], aber das **Ya**k hat nur ein Horn!
- Das Segel einer **Ja**cht.

yu ユ

Wie der "Ju-"-Laut in "Jung" (/y/-Phonem).

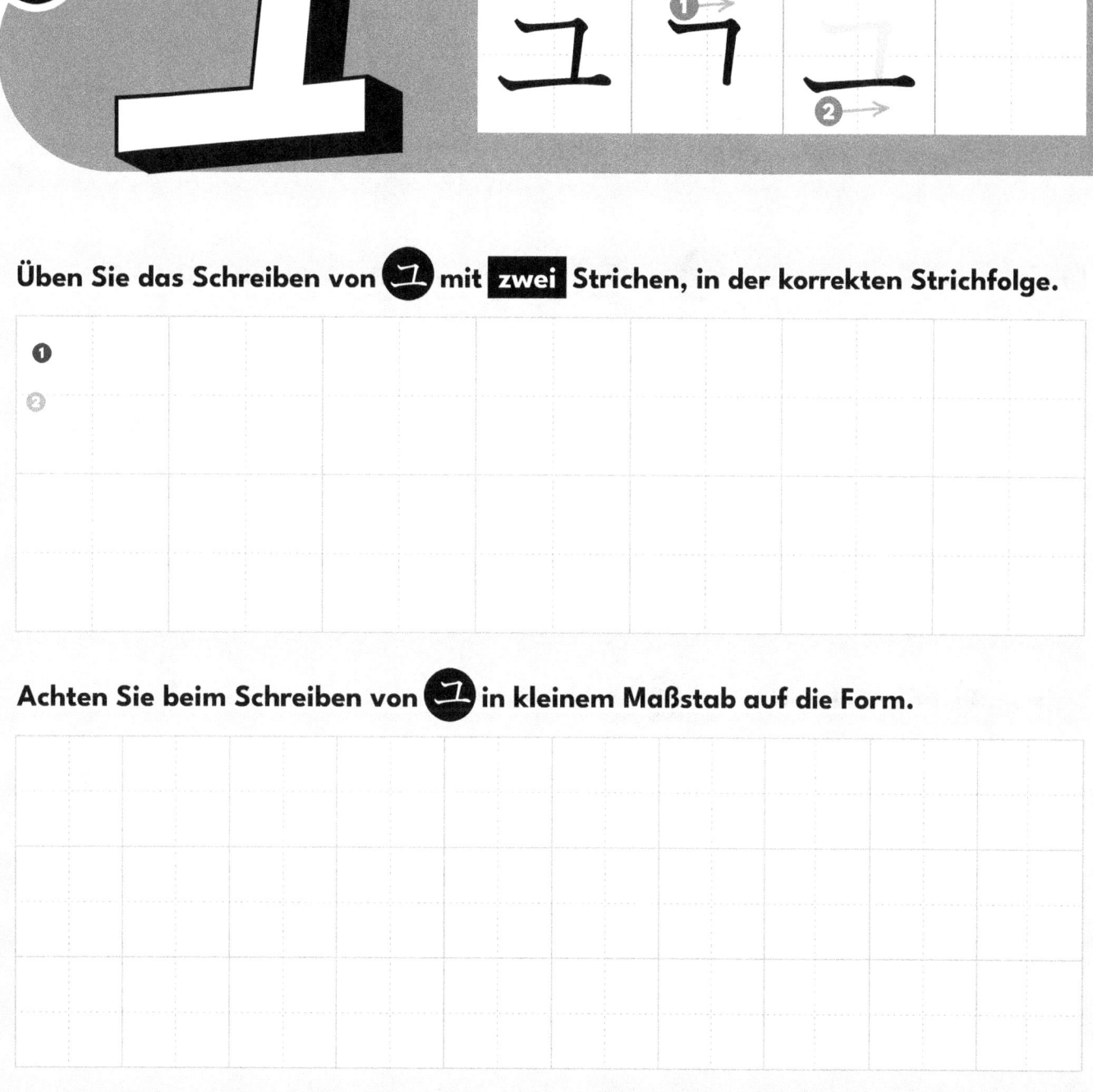

Üben Sie das Schreiben von ユ mit zwei Strichen, in der korrekten Strichfolge.

Achten Sie beim Schreiben von ユ in kleinem Maßstab auf die Form.

Mnemonik.

Beispiele.

- Sieht aus wie das Periskop eines **U**-Boots! (mit hartem /y/-Laut aussprechen, wie "**Yu**-Boots")

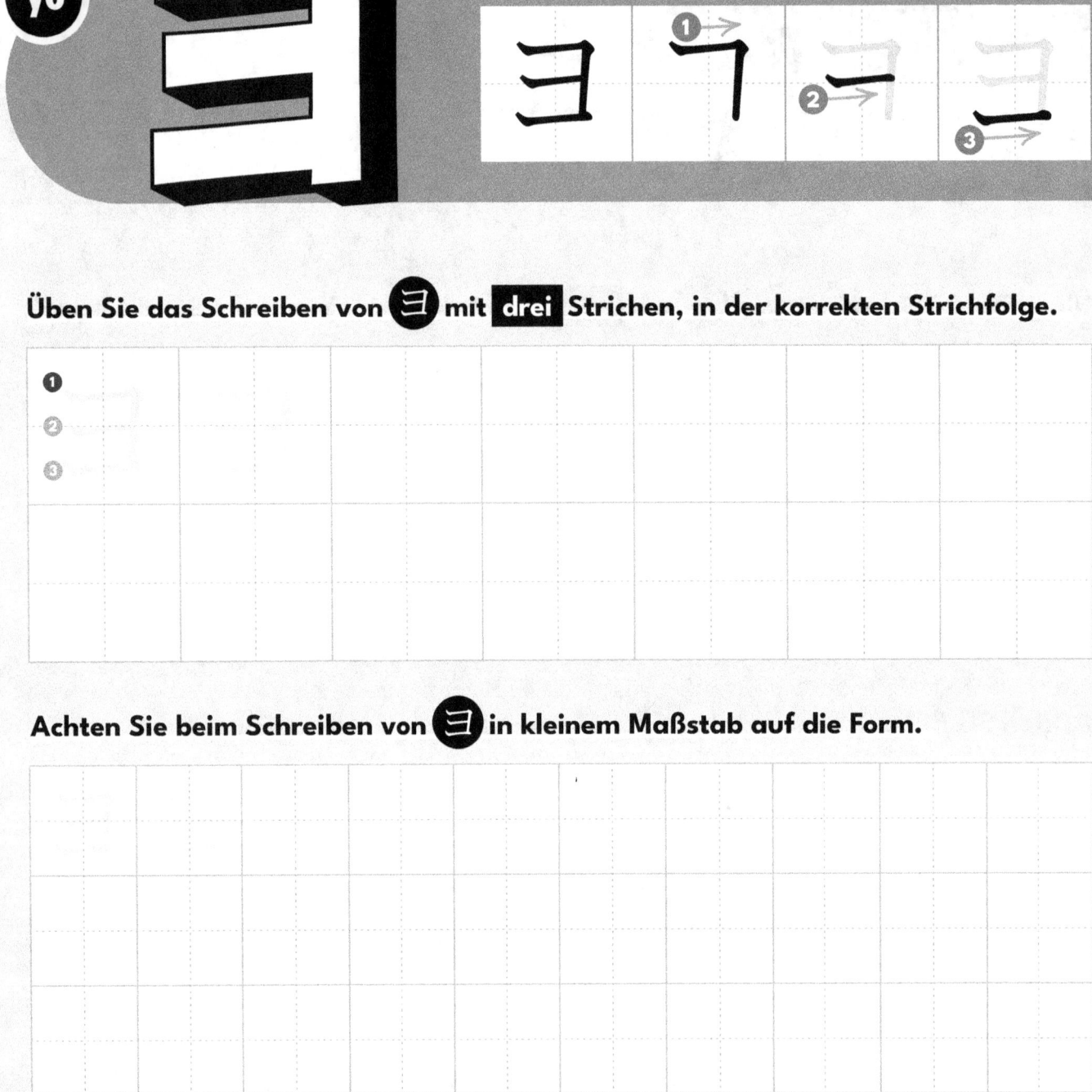

yo ヨ

Wie der "Jo-"-Laut in "Joghurt" (/y/-Phonem).

Üben Sie das Schreiben von ヨ mit drei Strichen, in der korrekten Strichfolge.

Achten Sie beim Schreiben von ヨ in kleinem Maßstab auf die Form.

Mnemonik.

Beispiele.

- Eine seltsame, neue **Yo**ga-Pose. (Du sitzt mit ausgestreckten Armen und Beinen vor dir und schaust nach unten)

Die Lücken zwischen den einzelnen Gruppen tragen dazu bei, dass Ihr Gehirn lernt, dass Sie diese neuen Informationen in Zukunft wieder abrufen müssen - und dass es sie in Ihrem Langzeitgedächtnis speichern sollte.

Schreibe die Romaji-Transkription für jedes Zeichen in die folgenden Felder.

Nach einer 5-minütigen Pause wiederholen Sie den Vorgang für diese Zeichen.

Regelmäßige Pausen sind ein wichtiger Bestandteil des Einprägungsprozesses!

Machen Sie dieses Mal eine 10-minütige Pause, bevor Sie die Aufgabe erledigen.

ミ	ユ	ツ	ア	ナ	コ	サ	ユ	カ	ヒ	オ	ハ	ネ	ヌ

ノ	モ	タ	ウ	ス	イ	ム	チ	メ	ヨ	ミ	ト	ヤ	ヘ

ク	キ	ム	ホ	ケ	ハ	ヤ	フ	セ	エ	マ	シ	テ	ニ

Schreiben Sie nach einer langen Pause das Romaji für jedes Zeichen unten auf.

タ	セ	ヤ	ス	ヌ	メ	ケ	モ	ツ	ト	ム	フ	ヤ	イ

ハ	オ	ネ	ニ	ナ	テ	ウ	ハ	ヒ	ノ	コ	ク	マ	サ

シ	ム	ア	ユ	ユ	カ	ホ	ミ	キ	チ	ヨ	ミ	エ	ヘ

K5. Die R- und W-Spalten, + N

Dies ist die letzte Gruppe der grundlegenden Kana, die Sie lernen müssen. Wir werden im nächsten Kapitel einige zusätzliche Silbenlaute behandeln, aber es gibt keine neuen Zeichen zu lernen!

Symbole in diesem Lernblock.

Aussprache

Verwenden Sie die gleiche Aussprache wie in den entsprechenden Hiragana-Kapiteln.

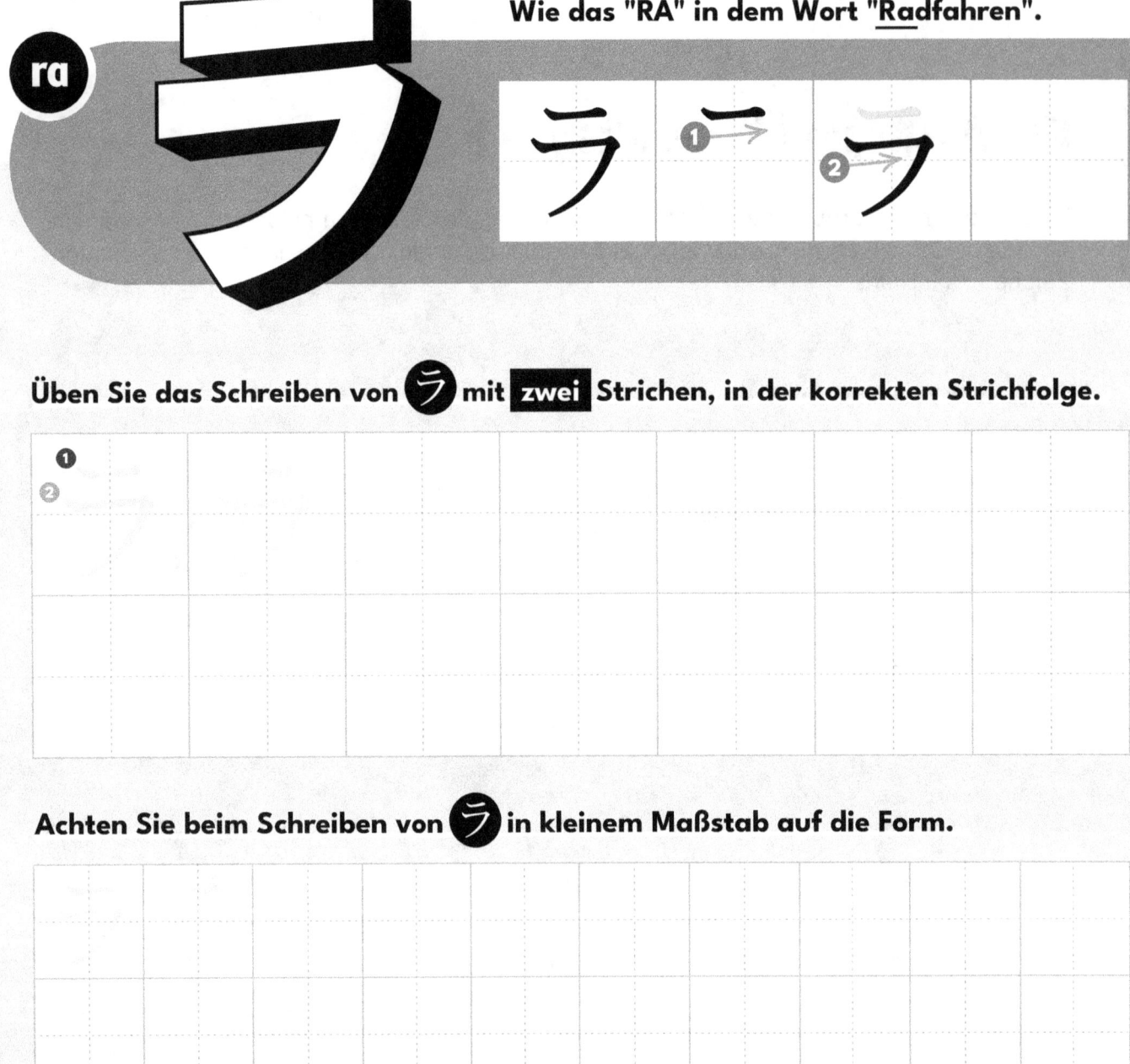

ra ラ

Wie das "RA" in dem Wort "Ra dfahren".

Üben Sie das Schreiben von ラ mit zwei Strichen, in der korrekten Strichfolge.

Achten Sie beim Schreiben von ラ in kleinem Maßstab auf die Form.

Mnemonik.

Beispiele.

- Dampfende Schüssel **Ra**men.
- Aerodynamischer **Ra**dfahrer.
- Eine Kampfsport-Pose wie [フ] namens "**Ra**ubvogel"!

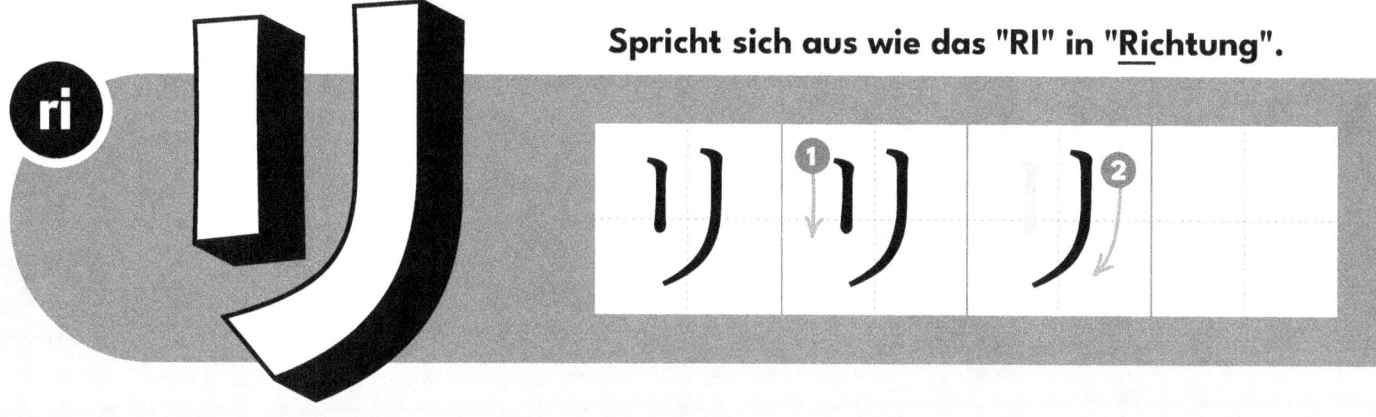

Üben Sie das Schreiben von リ mit zwei Strichen, in der korrekten Strichfolge.

Achten Sie beim Schreiben von リ in kleinem Maßstab auf die Form.

Mnemonik.

Beispiele.

- Praktisch dasselbe wie [り], das Hiragana-Gegenstück von "ri".

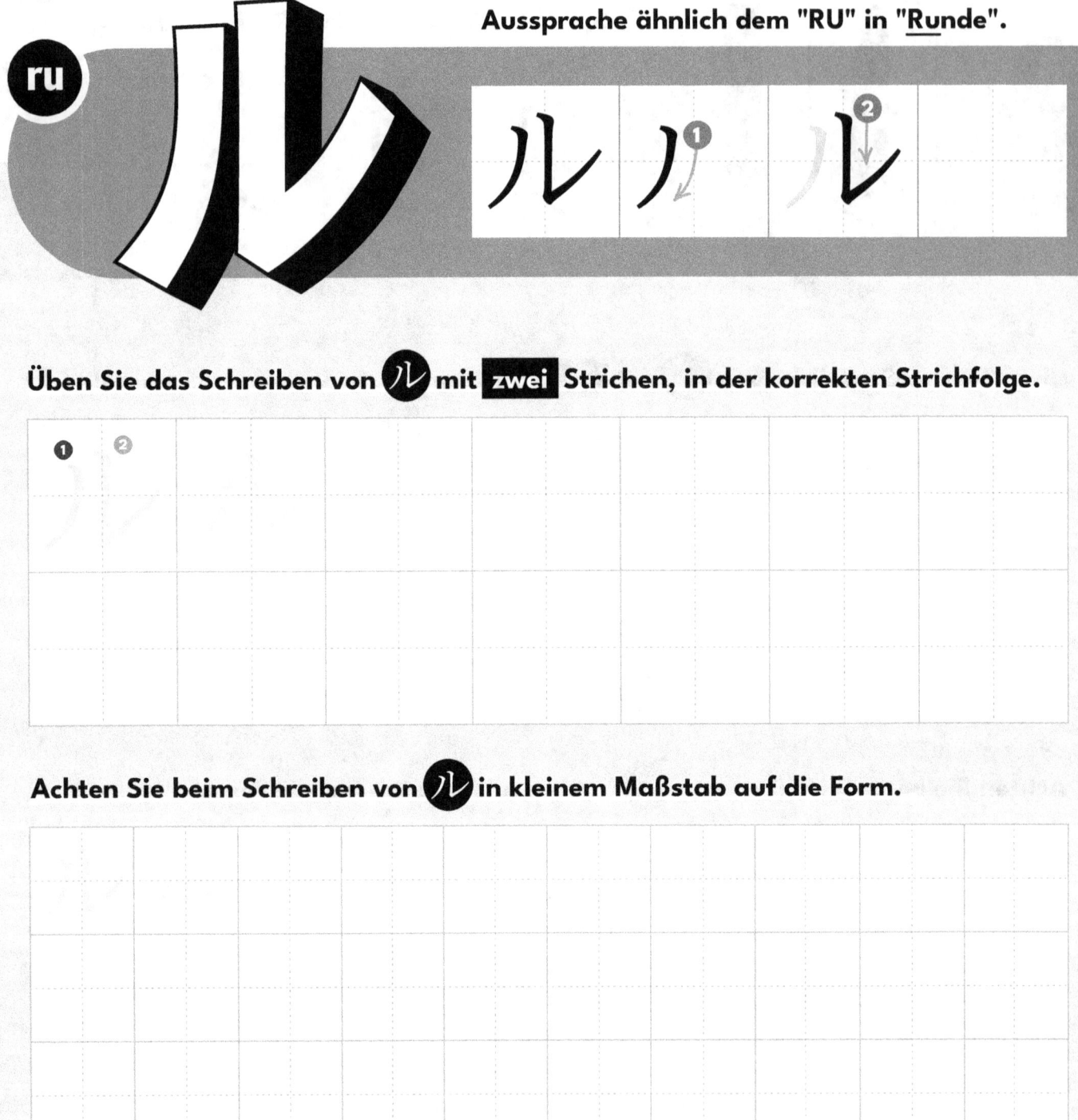

Aussprache ähnlich dem "RU" in "Runde".

Üben Sie das Schreiben von ル mit zwei Strichen, in der korrekten Strichfolge.

Achten Sie beim Schreiben von ル in kleinem Maßstab auf die Form.

Mnemonik.

Beispiele.
- Zwei **Rou**ten auf einer Karte.
- Diese Form ähnelt einer Art Wikinger-**Ru**ne.

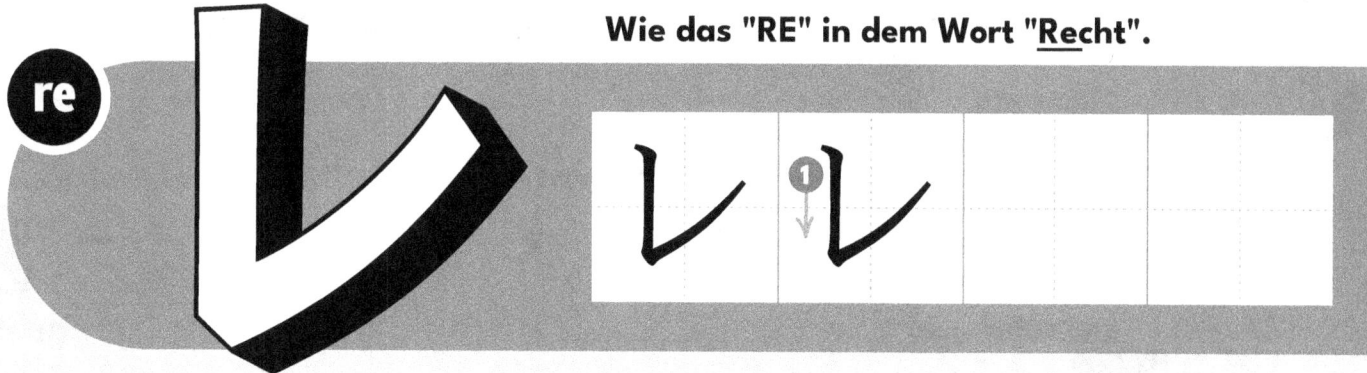

Wie das "RE" in dem Wort "Recht".

Üben Sie das Schreiben von レ mit **einem** Strichen, in der korrekten Strichfolge.

Achten Sie beim Schreiben von レ in kleinem Maßstab auf die Form.

Mnemonik.

Beispiele.

- Das sieht aus wie die kleinen Arme eines Tyrannosaurus **Re**x.
- Uhrzeiger, nach **re**chts drehend.

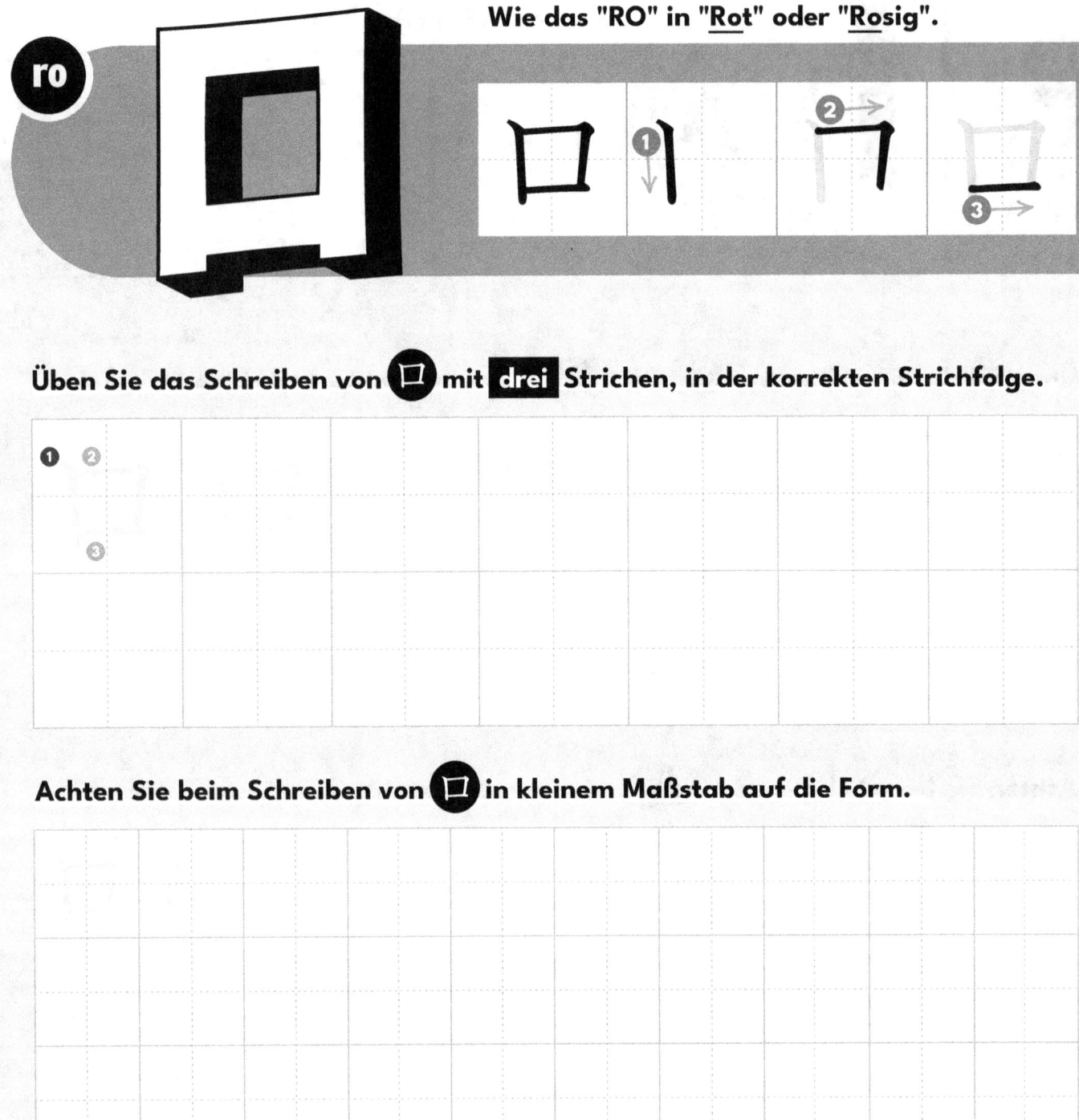

Wie das "RO" in "Rot" oder "Rosig".

Üben Sie das Schreiben von ro mit drei Strichen, in der korrekten Strichfolge.

Achten Sie beim Schreiben von ro in kleinem Maßstab auf die Form.

Mnemonik.

Beispiele.
- Der Kopf eines **Ro**boters ist sehr quadratisch geformt.
- Ein Karren der **Ro**delbahn.

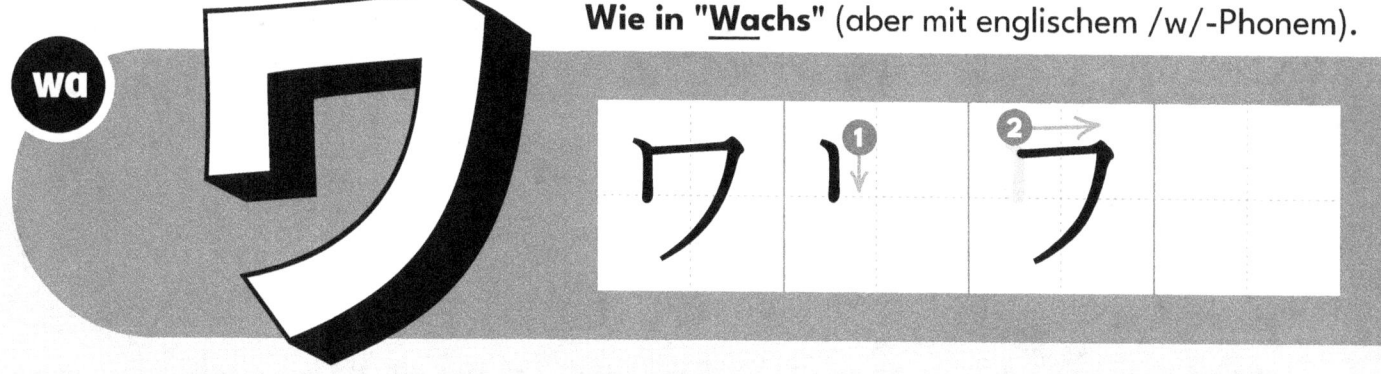

Wie in "Wachs" (aber mit englischem /w/-Phonem).

Üben Sie das Schreiben von ワ mit zwei Strichen, in der korrekten Strichfolge.

Achten Sie beim Schreiben von ワ in kleinem Maßstab auf die Form.

Mnemonik.

Beispiele.

- **Wa**s ist das? Fast ein Fragezeichen!
-

ヲ

WO

*Wird genauso ausgesprochen wie オ oder "o".

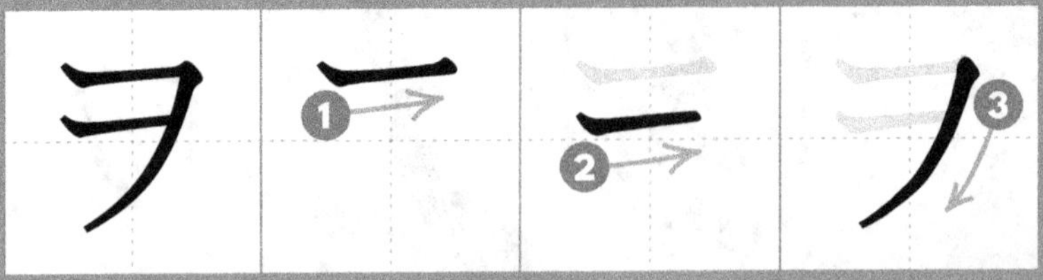

(* ヲ ist ein "Partikel" und wird für die Grammatik verwendet)

Üben Sie das Schreiben von ヲ mit drei Strichen, in der korrekten Strichfolge.

Achten Sie beim Schreiben von ヲ in kleinem Maßstab auf die Form.

Mnemonik.

Beispiele.

- Am Ende eines Rennens kommt es zu einem Sprint ins Ziel. Ein Läufer lehnt sich vor... und hat ge**wo**nnen!

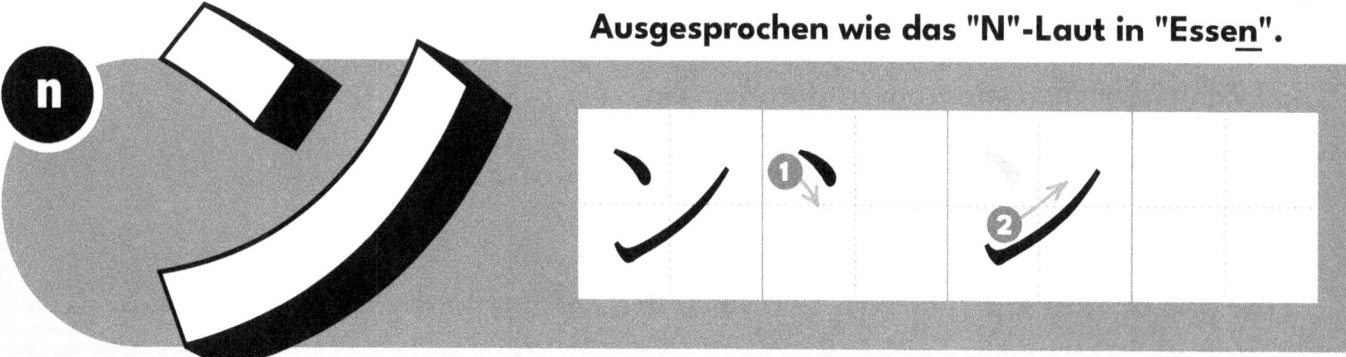

Ausgesprochen wie das "N"-Laut in "Esse<u>n</u>".

Üben Sie das Schreiben von ン mit zwei Strichen, in der korrekten Strichfolge.

❶

❷

Achten Sie beim Schreiben von ン in kleinem Maßstab auf die Form.

Mnemonik.

Beispiele.

- **<u>Nein</u>**! Der erste Strich ist mehr waagerecht als senkrecht... Dies ist **ke<u>in</u>e** <u>N</u>adel
- [ン] = "n" und [ソ] = "so"

Nachdem Sie nun alle 46 grundlegenden Katakana gelernt haben, können die folgenden Gedächtnisübungen etwas anspruchsvoller sein.

Schreibe die Romaji-Transkription für jedes Zeichen in die folgenden Felder.

ワ	メ	ハ	フ	ヤ	リ	ル	ツ	ワ	ト	チ	ヘ	ホ	レ

ラ	ヌ	ソ	ン	ワ	リ	テ	タ	ユ	リ	ン	ム	ル	ナ

ミ	ロ	レ	ネ	マ	ヲ	ル	レ	ン	ニ	モ	ラ	ロ	ヨ

Nach einer 5-minütigen Pause wiederholen Sie den Vorgang für diese Zeichen.

ヲ	ノ	ヒ	ヲ	ロ	ノ	ヒ	ラ	エ	カ	タ	キ	ヤ	ソ

チ	ラ	オ	ス	テ	ウ	ネ	シ	ン	ニ	ヌ	フ	ホ	ミ

ワ	レ	モ	ナ	イ	リ	ヲ	セ	ヘ	コ	ケ	ワ	マ	ヨ

Nehmen Sie sich Zeit und versuchen Sie, jede Gruppe auszufüllen, ohne die vorherigen Seiten anzuschauen. Vergessen Sie nicht, zwischen den einzelnen Gruppen eine Pause zu machen.

Machen Sie dieses Mal eine 10-minütige Pause, bevor Sie die Aufgabe erledigen.

ア	ト	ハ	ツ	ロ	ク	サ	ム	ル	メ	ユ	モ	ロ	ラ

メ	チ	ル	ム	ヨ	ヤ	ネ	モ	リ	ハ	ラ	ノ	キ	ヌ

ワ	イ	ツ	カ	ニ	ヲ	リ	コ	タ	ウ	ア	ン	レ	ロ

Schreiben Sie nach einer langen Pause das Romaji für jedes Zeichen unten auf.

ヲ	マ	ン	ミ	メ	ユ	ホ	ヨ	エ	マ	シ	レ	ム	コ

イ	ワ	マ	カ	タ	ハ	ネ	マ	ツ	ヨ	チ	ニ	ヌ	ロ

ル	ウ	ノ	レ	モ	メ	ヤ	ム	ラ	ヲ	ル	キ	ア	リ

Die Aussprache dieser Katakana-Wörter kommt Ihnen vielleicht bekannt vor.

ヘリ
Hubschrauber

メモ
Memo

ヒレ
Filet

ミルク
Milch

カヌー
Kanu

ワニス
lackieren

ローン
ausleihen

ナイフ
Messer

フレー
Hurra!

ノート
Anmerkung, Notizbuch

タイヤ
Reifen

カメラ
Kamera

ネーム
Name / Reputation

ユーモア
Humor

サラリー
Gehalt

ハンマー
Hammer

ヨーヨー
Jo-Jo

ハンカチ
Taschentuch

ユニーク
einzigartig

ネクタイ
Krawatte

///////////////////////////////// **TEIL 4**

Zusätzliche Klänge

Die grundlegenden Kana-Zeichen decken die meisten Silbenlaute ab, die wir zur Aussprache des Japanischen benötigen, aber nicht alle. Einige zusätzliche Silbenlaute können durch leichte Änderungen der Aussprache bestimmter Zeichen erzeugt werden. Diese zusätzlichen Laute werden mit denselben Zeichen geschrieben, die Sie gerade gelernt haben, aber mit einigen zusätzlichen Markierungen, die uns sagen, wann und wie wir unsere Aussprache ändern müssen.

Stimmhafte Konsonanten

Einige zusätzliche *"stimmhafte"* Laute werden erzeugt, indem wir die Aussprache bestimmter Konsonanten verändern. Die veränderten Laute ähneln den ursprünglichen Versionen, nur dass sie die Vibration unserer Stimmbänder erfordern. Vereinfacht ausgedrückt, wird einer der Grundkonsonanten durch einen anderen ersetzt, der durch einen anderen Romaji-Buchstaben dargestellt wird.

Die Grundkonsonanten wie *"t-"*, *"s-"*, und *"k-"* werden ohne die Stimmbänder erzeugt, und der Klang entsteht allein durch die Bewegung der Luft. Sie können dies überprüfen, indem Sie einen kurzen *"k"*-Laut ein- oder zweimal aussprechen. Dies ist ein *"stimmloser"* Konsonant, und wir bezeichnen die Kana mit den entsprechenden Konsonantenlauten auf dieselbe Weise, z. B. か/カ (ka) und た/タ (ta). Die abgewandelten oder *"stimmhaften"* Versionen werden mit denselben Mundformen und Handlungen gebildet, aber durch die Vibration unserer Stimmbänder wird ein anderer Klang erzeugt. Durch Hinzufügen von *"Stimme"* wird das *"k-"* in か (ka) zu einem *"g-"*. Vergleichen Sie Ihre Aussprache eines "k" mit der eines "g", wie in dem Wort *"grund"*. Sie sind praktisch identisch, abgesehen von Ihren Stimmbändern.

Kleine *diakritische Markierungen* werden zu bestehenden Kana-Zeichen hinzugefügt, um anzuzeigen, dass die Aussprache geändert werden sollte, z. B. か (ka) wird zu が (ga). Die beiden zusätzlichen Zeilen, die ähnlich wie Anführungszeichen aussehen, werden **"dakuten"** genannt, was wörtlich übersetzt "Stimmzeichen" bedeutet. Ein kleiner Kreis an der gleichen Stelle wird als **"handakuten"** oder "halbes Stimmzeichen" bezeichnet. Das veränderte Kana-Zeichen wird zur schriftlichen Darstellung der neuen *"stimmhaften"* Version des ursprünglichen Zeichens.

Nur die Silben, die mit *"k-"*, *"t-"*, *"s-"* und *"h-"* beginnen, können mit **"dakuten"** versehen werden. **"Handakuten"** werden nur den Silben hinzugefügt, die mit *"h-"* beginnen. Die *"Stimmzeichen"* werden geschrieben, nachdem alle anderen Striche eines Zeichens gezeichnet wurden.

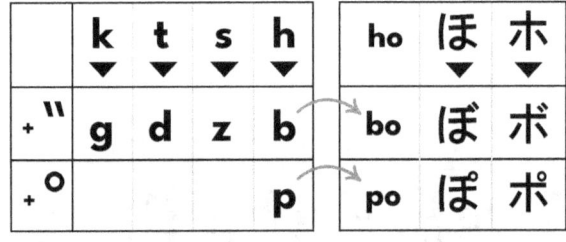

Die " Stimmzeichen " wurden sowohl zu den Hiragana- als auch zu den Katakana-Zeichen hinzugefügt und in der Tabelle auf der rechten Seite angezeigt.

Anmerkung: Da das Romaji die japanischen Laute nicht genau wiedergibt, sind einige Zeichen mit einem Sternchen* gekennzeichnet, um Abweichungen von den allgemeinen Mustern anzuzeigen. Ein *"französischer"* *"j-"-Laut* passt besser zu *"chi"* und *"shi"*, während *"z-"* oder *"dz-"*-Laute besser zu *"tsu"* und *"su"* passen.

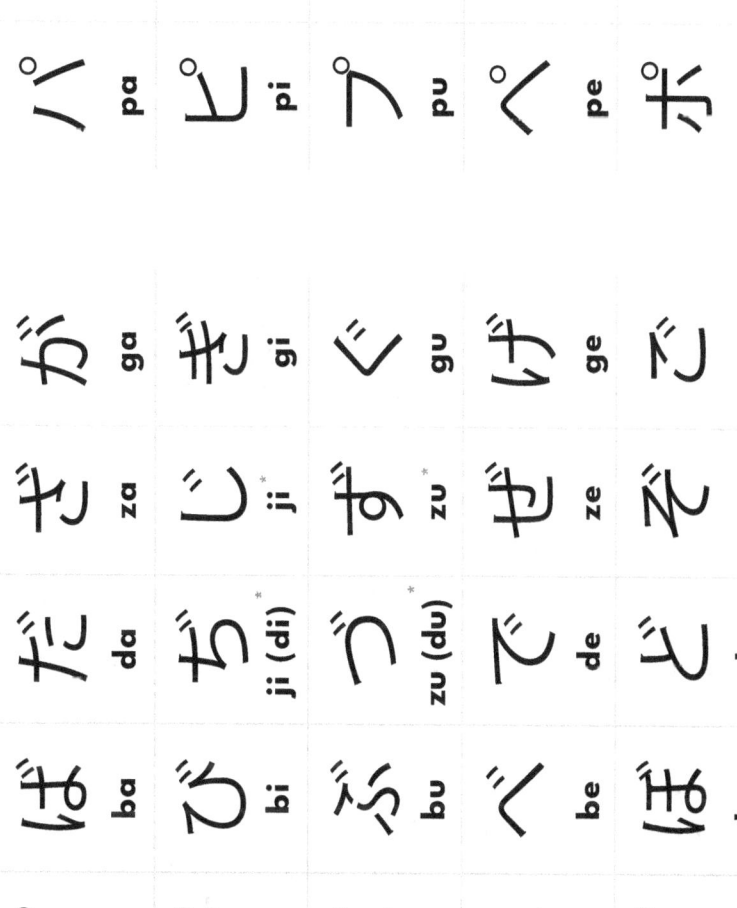

Kombination Kana

Diese auch als *"zusammengesetzte Kana"* oder 拗音 *(youon/yōon,* ようおん*)* bezeichneten Zeichen sind die Schriftzeichen für *hybride Laute*, die durch Verschmelzung zweier anderer Laute entstehen. Im Wesentlichen wird ein zusätzlicher Konsonantenlaut vor einem anderen vollen Silbenlaut hinzugefügt, wodurch ein neuer zusammengesetzter Laut entsteht. Das Wichtigste: Obwohl sie mit zwei Kana-Zeichen geschrieben werden, werden sie wie ein einziges *"Mora"* ausgesprochen.

Die Regeln für *zusammengesetzte Kana* sind sowohl für die Hiragana- als auch für die Katakana-Schrift gleich und umfassen auch die neuen "stimmhaften" Laute und Zeichen mit Dakuten oder Handakuten, die auf den vorherigen Seiten beschrieben wurden.

Die Schriftform besteht aus einem normal großen Zeichen, das in der Regel mit einem *"-i"*-Laut endet, wie し / シ *(shi)*, き / キ *(ki)*, ち / チ *(chi)* usw., und einem zweiten, kleinen Zeichen, typischerweise や *(ya)*, ゆ *(yu)* oder よ *(yo)*:

H	き + よ = きょ
	ki yo kyo
K	キ + ヨ = キョ

Zusammengesetzte Kana werden für ganz andere Wörter verwendet als ihre Pendants in normaler Größe. Der Unterschied in der Zeichengröße wird deutlicher, wenn man Wörter vergleicht, die mit denselben Zeichen geschrieben werden:

きよう *"gekonnt"*	ヒヨウ *"Kosten"*
ki-yo-u	hi-yo-u
きょう *"heute"*	ヒョウ *"Hagel"*
kyo-u	hyo-u

Ein einzelnes Mora kann die Bedeutung eines ganzen Wortes verändern, aber mit etwas Übung sind sie relativ leicht zu erkennen und richtig auszusprechen. Ein falsch ausgesprochener oder falsch gehörter zusammengesetzter Laut kann einen erheblichen Einfluss darauf haben, was jemand hört:

Die Tabelle auf der nächsten Seite zeigt die häufigsten Mischlaute, bei denen ein Anfangsbuchstabe, der auf ein *"-i"* endet, mit einem kleinen Symbol aus den *"y-"*-Lauten kombiniert wird. Es ist nicht nötig, diese Zeichen auswendig zu lernen, wenn Sie sich merken können, wie man einen Mischlaut liest und schreibt.

Zusammengesetzte Kana sind in der Regel mit einheimischen japanischen Wörtern verbunden, die in der Regel kun'yomi sind. Es gibt noch andere, weniger häufig vorkommende zusammengesetzte Laute in der Sprache, die oft in Wörtern fremden Ursprungs zu finden sind. Da sie weniger häufig vorkommen, ist es wahrscheinlich vernünftig, sie als Ausnahmen von den oben genannten Regeln zu betrachten und sich mit ihnen vertraut zu machen, wenn man sie sieht.

	ya	**yu**	**yo**
k	きゃ キャ kya	きゅ キュ kyu	きょ キョ kyo
s	しゃ シャ sha	しゅ シュ shu	しょ ショ sho
t	ちゃ チャ cha	ちゅ チュ chu	ちょ チョ cho
h	ひゃ ヒャ hya	ひゅ ヒュ hyu	ひょ ヒョ hyo
m	みゃ ミャ mya	みゅ ミュ myu	みょ ミョ myo
n	にゃ ニャ nya	にゅ ニュ nyu	にょ ニョ nyo
r	りゃ リャ rya	りゅ リュ ryu	りょ リョ ryo
g	ぎゃ ギャ gya	ぎゅ ギュ gyu	ぎょ ギョ gyo
j	じゃ ジャ ja/jya	じゅ ジュ ju/jyu	じょ ジョ jo/jyo
b	びゃ ビャ bya	びゅ ビュ byu	びょ ビョ byo
p	ぴゃ ピャ pya	ぴゅ ピュ pyu	ぴょ ピョ pyo

Lange Vokale

Erweiterte Vokallaute, wie *"-oo"* oder *"-ee"*, werden durch Hinzufügen eines Zeichens oder einer Markierung zum Kana mit dem zu verdoppelnden Laut dargestellt. Sie werden im Japanischen 長音 *(chouon/chōon, "Langtonzeichen")* genannt und in jeder Kana-Schrift auf unterschiedliche Weise dargestellt. Wir können einen langen Laut beim Sprechen leicht aussprechen, und auch die Regeln für das Schreiben sind nicht allzu schwierig.

Wenn wir Hiragana schreiben, fügen wir eines der drei Vokalzeichen für lange Vokallaute hinzu *(in normaler Größe)*:

> Bei **"a"-Lauten** ist es ein zusätzliches あ *(a)*
> Für **"i"-** und **"e"-Laute**, fügen Sie い *(i)* hinzu
> Für die Laute **"u"** und **"o"** fügen Sie う *(u)* hinzu.

Um den *"a"*-Teil von か *(ka)* zu verlängern, fügt man also あ hinzu und schreibt かあ *(ka-a)*. Um das *"i"* in き *(ki)* zu verdoppeln, schreibt man きい *(ki-i)*. く wird zu くう *(ku-u)*, und so weiter:

Ein beliebtes Beispiel für die Bedeutung der korrekten Aussprache von langen Vokalen ist der Vergleich der japanischen Schreibweisen von *"Großvater"* und *"Onkel"* oder *"Tante"* und *"Großmutter"*. (Ihr Onkel oder Ihre Tante könnte beleidigt sein, wenn Sie sie als Großeltern bezeichnen!)

(der Ehrentitel '-san' wird hinzugefügt, wenn die respektvolle Sonkeigo-Sprache verwendet wird)

Lange Vokallaute sind in Katakana viel einfacher zu schreiben. Sie bestehen aus einem Kana, gefolgt von einem einfachen Strich namens 長音符 *(chōonpu)*, was wörtlich *"langes phonetisches Zeichen"* bedeutet. Es kann auch als *"Vokalverlängerer"* bezeichnet werden. In vertikal ausgerichteten Texten ist dies ein vertikaler Strich (|) unterhalb des Kana. In horizontaler Schrift wird ein horizontaler Strich gezogen, der einem Bindestrich ähnelt, sich aber deutlich von einem Gedankenstrich (ー) unterscheidet:

Hier bilden die Symbole キ *(ku)* + ユ *(yu)* das Kombinationskana "kyo", und der *"o"*-Laut wird mit ー verlängert, bevor man das finale ト *(to)* schreibt. Für *"Kuchen"* verlängert man das "e" mit ケ *(ke)*:

Im Romaji können lange Vokallaute entweder ausgeschrieben oder mit einem *Makron (einem diakritischen Zeichen)* dargestellt werden. Ein *Makron* ist nur ein Strich über einem Vokal, der anzeigt, dass sein Klang länger ist, wenn er ausgesprochen wird, z.B. *"Tōkyō"* (Tokio), ausgesprochen als *"Toukyou"*.

Romaji	Hiragana	Katakana
hā *(haa)*	はあ	ハー
hī *(hii)*	ひい	ヒー
fū *(fuu)* **hū** *(fuu)*	ふう	フー
hē *(hee / hei)*	へえ / へい	ヘー
hō *(hoo / hou)*	ほお / ほう	ホー

Oben: Lange Vokallaute und ihre Kana-Darstellungen

Lange Konsonanten

Diese auch als *Doppelkonsonanten* bezeichneten Laute können wir schreiben, indem wir ein *"kleines tsu" (auch Sokuon genannt)* zwischen zwei Kana einfügen. Der Konsonantenlaut eines Zeichens, das auf ein kleines tsu folgt, sollte beim Lesen zweimal zu hören sein. Das ist in Hiragana und Katakana dasselbe, wobei die kleinen Symbole っ und ッ verwendet werden.

Durch ein kleines ッ zwischen ロ (ro) und ク (ku) wird das Wort ロック zum Beispiel als *"rokku"* ausgesprochen, nicht als *"ro-tsu-ku"* oder *"ro-ku"*. Es bedeutet *"Rock (Musik)"* wie in ロックンロール (rokkunrooru), oder *"Rock 'n' Roll"*:

Wörter mit einem kleinen "tsu" sehen ähnlich aus wie andere und es scheint keinen Unterschied in der Aussprache zu geben, aber es sind völlig unterschiedliche Wörter.

Durch Hinzufügen eines kleinen っ zwischen den Zeichen い und た des Wortes いた entsteht das Wort いった.

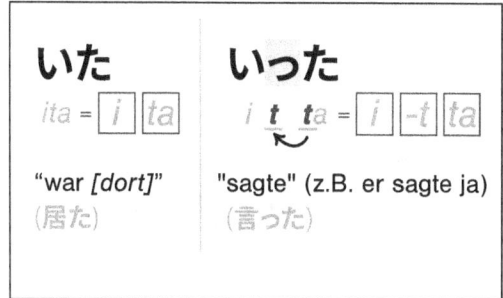

Die Aussprache dieses Wortes ist weder いつた (*"i-tsu-ta"*) noch いた (*"i-ta"*), stattdessen wird いった als *"i-t-ta"* ausgesprochen. Das kleine tsu erbt einen *"t-"*-Laut vom Zeichen た (ta):

Kleine っ oder ッ benötigen eine Mora, um ausgesprochen zu werden, als wären sie jedes andere Kana-Zeichen, aber sie fügen keinen zusätzlichen Silbenklang hinzu. Bei der Aussprache von Wörtern mit doppelten Konsonanten kann es fast so aussehen, als würden Sie stottern. Das obige Beispiel, いった, könnte phonetisch als *"eet-ta"* geschrieben werden. Der zusätzliche *"t"*-Laut muss gehört und in dieselben zwei Morae wie いた (i-ta) gepresst werden.

Lange Konsonanten werden "stimmlos" ausgesprochen, auch solche, die normalerweise durch Dakuten und Handakuten modifiziert werden. Mit anderen Worten: *"stimmhafte"* Konsonanten, die auf ein kleines tsu folgen, werden so ausgesprochen, als hätten sie kein dakuten.

Wir schreiben das Wort für *"Bett"* als ベッド (beddo), aber das ド (do) behält seinen ursprünglichen ト (to) Klang, als ob es ベット geschrieben würde. Es wird als *"be-t-to"* ausgesprochen, nicht als *"be-d-do"*. Dieses Wort braucht drei Morae, um ausgesprochen zu werden:

Es gibt nur wenige Wörter, bei denen doppelte Konsonantenlaute mit Dakuten versehen sind, und diese beschränken sich in der Regel auf ausländische Lehnwörter und werden daher in der Regel in Katakana angezeigt.

//////////////////////////////// **PART 5**

Lernmittel

Dieser letzte Abschnitt enthält einige zusätzliche Ressourcen, die Ihnen bei Ihren Studien helfen sollen. Sie können direkt in das Buch schreiben, aber Sie können es auch vorziehen, die Seiten auszuschneiden oder für den persönlichen Gebrauch zu fotokopieren. Ich versuche immer, die Anzahl der leeren Seiten auf ein Minimum zu beschränken, um Platz für mehr nützliche Informationen in den früheren Kapiteln zu schaffen, aber ich hoffe, Sie finden diese kleine Auswahl an zusätzlichen Ressourcen hilfreich.

Die folgenden Blätter enthalten zusätzliche Gittervorlagen zum Üben japanischer Schriftzeichen. Sie enthalten Kombinationen von 1-Zoll- oder 0,7-Zoll-Quadraten, sowohl mit als auch ohne gepunktete Hilfslinien in der Mitte, um verschiedenen Zwecken und Vorlieben gerecht zu werden.

Auf den Seiten 185-198 finden Sie doppelseitige Vorlagen, die Sie ausschneiden oder kopieren können, um einen Mini-Lernkartenstapel zu erstellen - hilfreich für die Wiederholung und zum Testen Ihres Gedächtnisses. Sie sind zwar nicht so haltbar wie speziell angefertigte Karten, aber ich wollte sie einfügen, um Ihnen zusätzliche Kosten zu ersparen. Auf den Karten sind die einzelnen Charaktere und ihre wichtigsten Lernpunkte abgebildet. Einige leere Kartenvorlagen in diesem Abschnitt können nützlich sein, um eigene Karten zu erstellen oder verloren gegangene Karten zu ersetzen!

Für diejenigen, die es vorziehen, direkt in ein Arbeitsbuch zu schreiben, habe ich auch eine Reihe von zusätzlichen Übungsbüchern veröffentlicht, die sich ideal für die Verwendung in Verbindung mit dieser Publikation eignen. Jedes von ihnen ist mit einer der verschiedenen Arten von Vorlagen in diesem Kapitel gefüllt. Die *Kana- und Kanji-Begleitbücher (oder "Kana and Kanji Companion")* sind ähnlich wie Nachfüllblöcke, aber mit japanischen Schreibrastern. *Das Kanji-Begleitbuch (oder "Kanji Study Companion")* fungiert als spezielles Logbuch zum Aufzeichnen, Organisieren und Sammeln neuer Kanji-Kenntnisse.

Meine Begleitbücher sind auf den globalen Marktplätzen von Amazon erhältlich.

Vorlage für Schreibübungen

(1-Zoll-Raster mit Hilfslinien) Japanisch leicht gemacht

Vorlage für Schreibübungen

Japanisch leicht gemacht *(1-Zoll-Raster mit Hilfslinien)*

Vorlage für Schreibübungen

(1-Zoll-Raster mit Hilfslinien) *Japanisch leicht gemacht*

Vorlage für Schreibübungen

Japanisch leicht gemacht   *(1-Zoll-Raster ohne Hilfslinien)*

Vorlage für Schreibübungen

(1-Zoll-Raster ohne Hilfslinien) Japanisch leicht gemacht

Vorlage für Schreibübungen

Japanisch leicht gemacht *(1-Zoll-Raster ohne Hilfslinien)*

(1-Zoll-Raster ohne Hilfslinien) *Vorlage für Schreibübungen*

Japanisch leicht gemacht

Vorlage für Schreibübungen

Japanisch leicht gemacht (0,7-Zoll-Raster mit Hilfslinien)

Vorlage für Schreibübungen

(0,7-Zoll-Raster mit Hilfslinien) *Japanisch leicht gemacht*

Vorlage für Schreibübungen

Japanisch leicht gemacht   *(0,7-Zoll-Raster mit Hilfslinien)*

Vorlage für Schreibübungen

(0,7-Zoll-Raster mit Hilfslinien) *Japanisch leicht gemacht*

Vorlage für Schreibübungen

Japanisch leicht gemacht (0,7-Zoll-Raster ohne Hilfslinien)

Vorlage für Schreibübungen

(0,7-Zoll-Raster ohne Hilfslinien) *Japanisch leicht gemacht*

Vorlage für Schreibübungen

Japanisch leicht gemacht (0,7-Zoll-Raster ohne Hilfslinien)

184

Vorlage für Schreibübungen

(0,7-Zoll-Raster ohne Hilfslinien) *Japanisch leicht gemacht*

さ 	か 	あ 
し 	き 	い 
す 	く 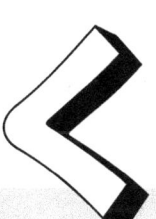	う 
せ 	け 	え 
そ 	こ 	お 

a
Ähnlich wie der
"A"-Laut in "Apfel"

ka
Genauso wie das
"KA" in "Kaffee"

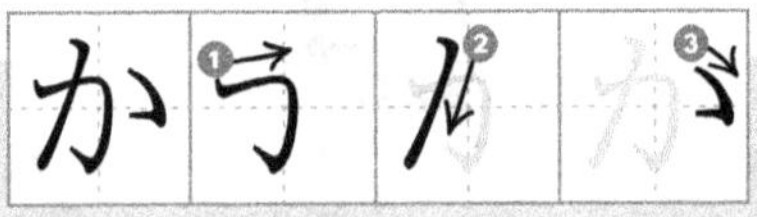

sa
Wie das "SSA" in "Vanessa"
(/s/-Phonem, wie ßa)

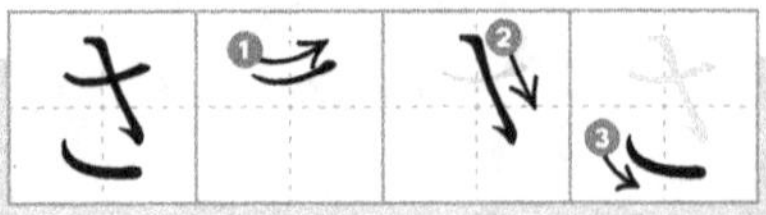

i
Spricht sich aus
wie das "I" in "Igel"

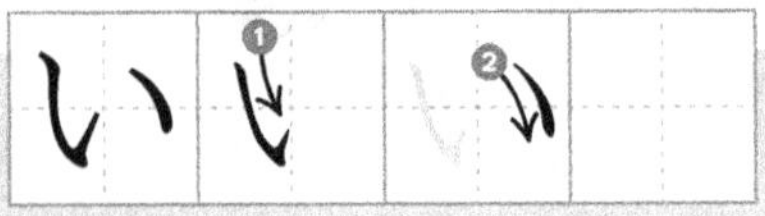

ki
Aussprechen wie
das "KI" in "Kilo"

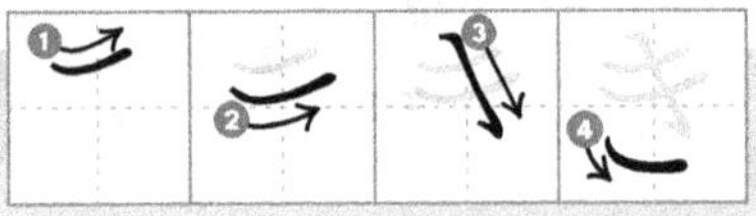

shi
Klingt wie "Ski", oder der
"-SHI"-Laut in "Sushi"

u
Das klingt wie
das "Ü" in "Über"

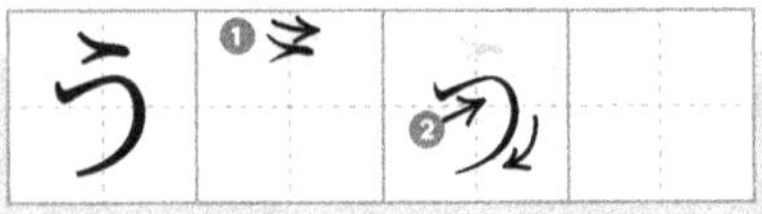

ku
Genau wie das
"KU" in "Kuchen"

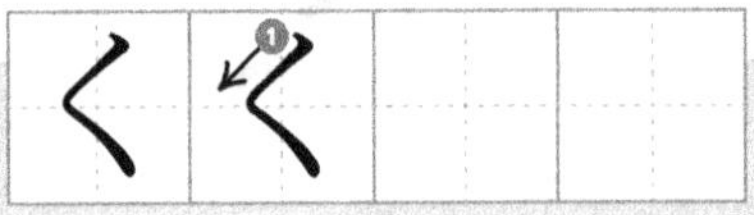

su
"SU"-Laut in "Jiu-Jitsu"
(mit /s/-Phonem wie ßu)

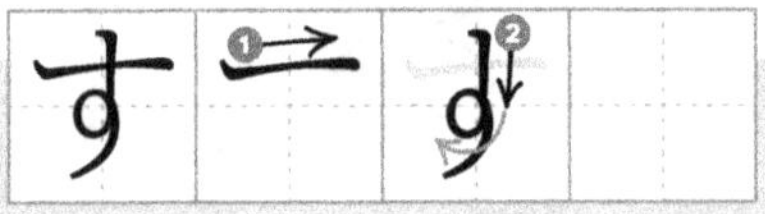

e
Spricht sich aus wie
das "E" in "Bett"

ke
Aussprache ähnlich wie
das "KE" in "kennen"

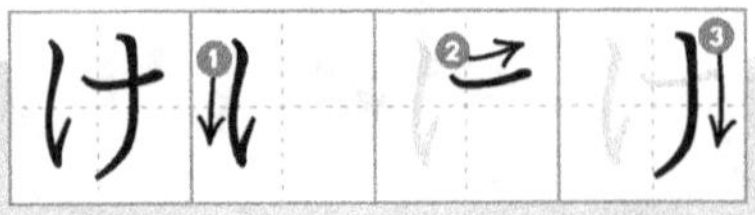

se
Wie in "Sendung" (aber
mit /s/-Phonem, wie ße)

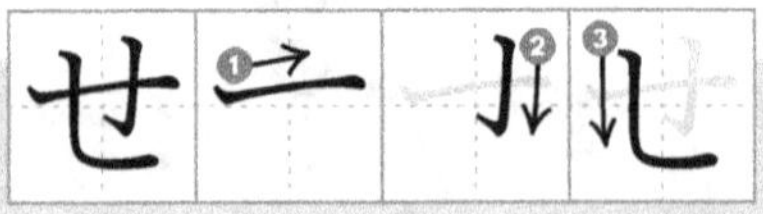

o
Genau wie das
"O" in "Origami"

ko
Klingt wie das
"KO" in "Koffer"

so
Wie in "Sonne" (aber
mit /s/-Phonem, wie ßo)

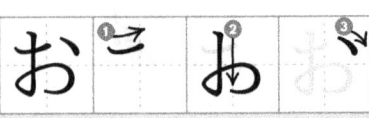
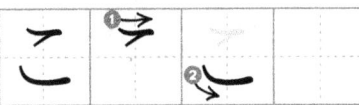

は	な	た
ひ	に	ち
ふ	ぬ	つ
へ	ね	て
ほ	の	と

ta
Sprich es aus wie das "TA" in "Taktik"

na
Klingt wie der "NA" in "Nagel"

ha
Klingt wie das "HA" in "Hasen"

chi
Klingt wie das "CHEE" in "Cheeseburger"

ni
Ähnlich wie der "NI-"-Laut in "niemals"

hi
Ausgesprochen wie das "HI" im "Himmel"

tsu
Wie in dem Wort "Tsunami"

nu
Wie das "NU" in "Nudeln"

fu
Klingt wie das "FU" in "Fuß" und "HU" in "Huf"

te
Klingt wie das "TE" in dem Wort "Tennis"

ne
Gesprochen wie der "NE" in "Neffe"

he
Wie bei dem Wort "Hexen"

to
Wird ausgesprochen wie das "TO" in "Tomate"

no
Wie bei dem Wort "Norden"

ho
Gesprochen wie das "HO" in "Hoffen"

ma
Genau wie das "MA" in "Mann"

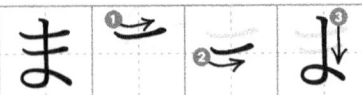

ya
Klingt wie das "YA" in "Yacht"

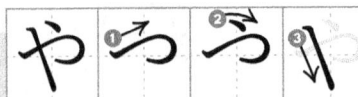

ra
Wie das "RA" in dem Wort "Radfahren"

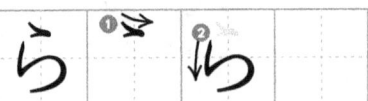

mi
Spricht sich wie "mee" wie das "MI" in "Minus"

yu
Wie der "Ju-"-Laut in "Jung" (/y/-Phonem)

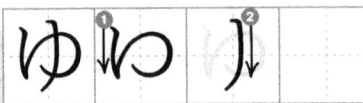

ri
Spricht sich aus wie das "RI" in "Richtung"

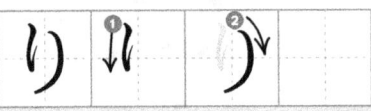

mu
Wie das "MU" in dem Wort "Musik"

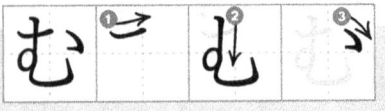

yo
Wie der "Jo-"-Laut in "Joghurt" (/y/-Phonem)

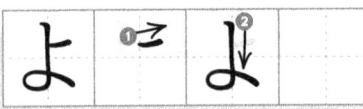

ru
Aussprache ähnlich dem "RU" in "Runde"

me
Klingt ähnlich wie das "ME" in "Mentor"

wa
Wie in "Wachs" (aber mit englischem /w/-Phonem)

re
Wie das "RE" in dem Wort "Recht"

mo
Wie bei dem Wort "Moden"

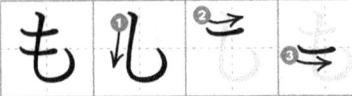

n
Ausgesprochen wie das "N"-Laut in "Essen"

ro
Wie das "RO" in "Rot" oder "Rosig"

ア	カ	サ
イ	キ	シ
ウ	ク	ス
エ	ケ	セ
オ	コ	ソ

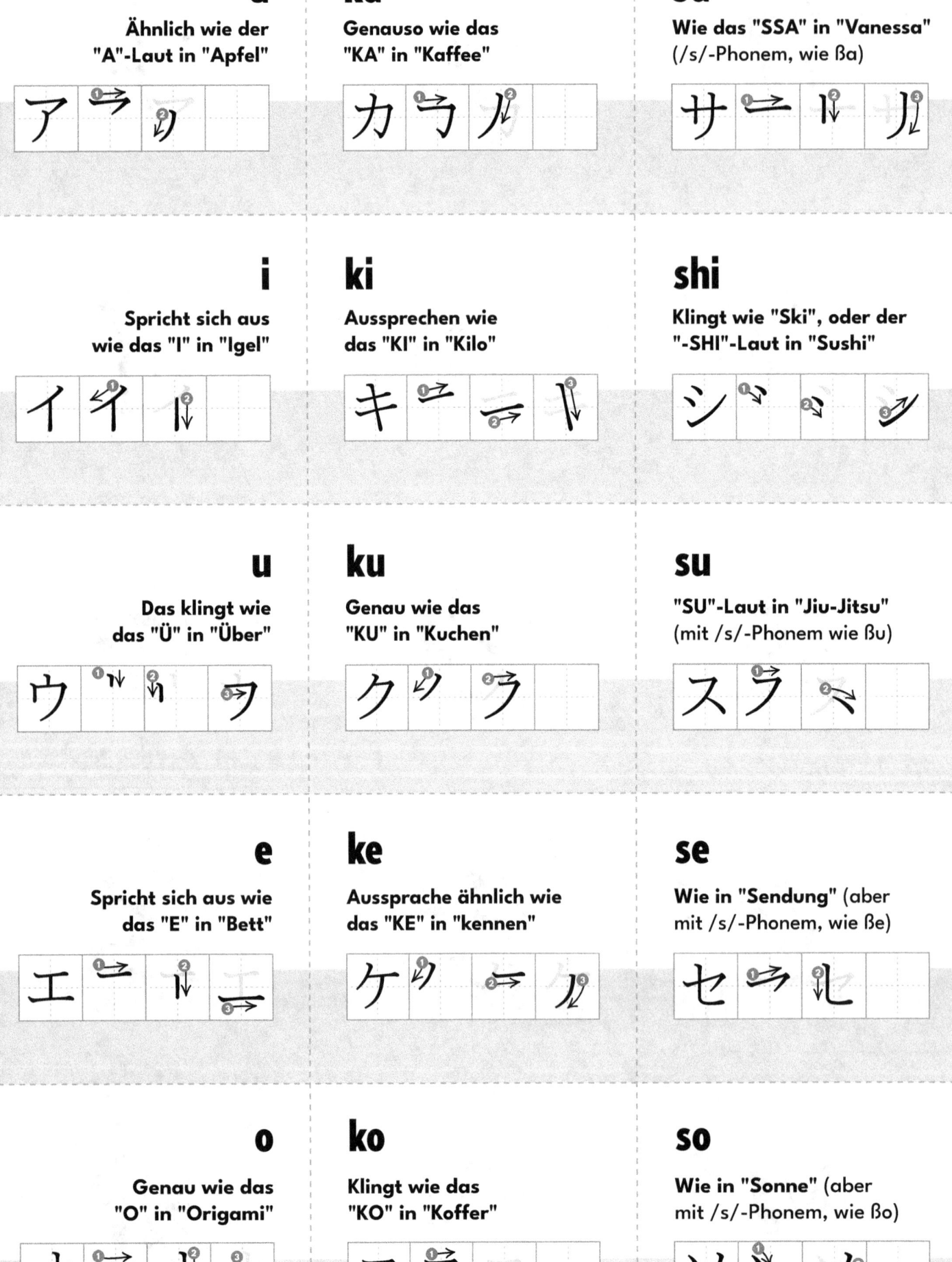

 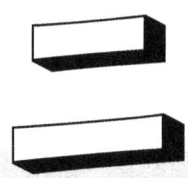 

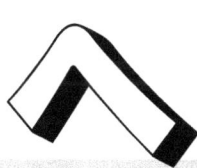  
 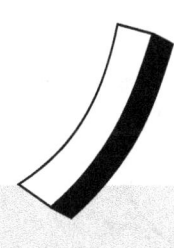 

ta

Sprich es aus wie das "TA" in "Taktik"

タ

na

Klingt wie der "NA" in "Nagel"

ナ

ha

Klingt wie das "HA" in "Hasen"

ハ

chi

Klingt wie das "CHEE" in "Cheeseburger"

チ

ni

Ähnlich wie der "NI-"-Laut in "niemals"

ニ

hi

Ausgesprochen wie das "HI" im "Himmel"

ヒ

tsu

Wie in dem Wort "Tsunami"

ツ

nu

Wie das "NU" in "Nudeln"

ヌ

fu

Klingt wie das "FU" in "Fuß" und "HU" in "Huf"

フ

te

Klingt wie das "TE" in dem Wort "Tennis"

テ

ne

Gesprochen wie der "NE" in "Neffe"

ネ

he

Wie bei dem Wort "Hexen"

ヘ

to

Wird ausgesprochen wie das "TO" in "Tomate"

ト

no

Wie bei dem Wort "Norden"

ノ

ho

Gesprochen wie das "HO" in "Hoffen"

ホ

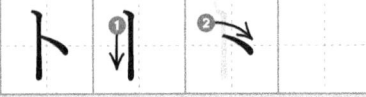

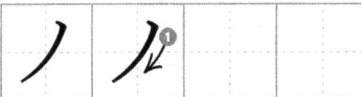

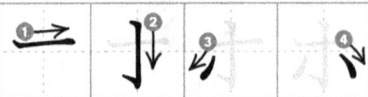

  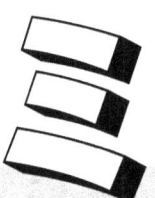

 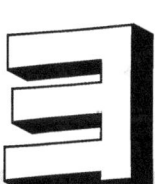 

ma
Genau wie das "MA" in "Mann"

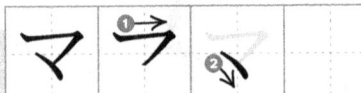

ya
Klingt wie das "YA" in "Yacht"

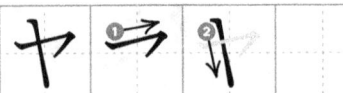

ra
Wie das "RA" in dem Wort "Radfahren"

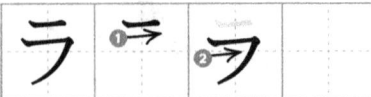

mi
Spricht sich wie "mee" wie das "MI" in "Minus"

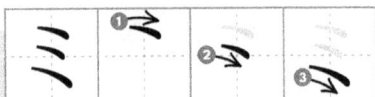

yu
Wie der "Ju-"-Laut in "Jung" (/y/-Phonem)

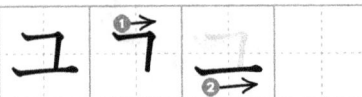

ri
Spricht sich aus wie das "RI" in "Richtung"

mu
Wie das "MU" in dem Wort "Musik"

yo
Wie der "Jo-"-Laut in "Joghurt" (/y/-Phonem)

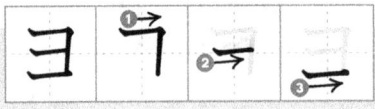

ru
Aussprache ähnlich dem "RU" in "Runde"

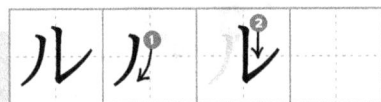

me
Klingt ähnlich wie das "ME" in "Mentor"

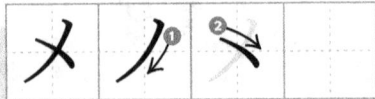

wa
Wie in "Wachs" (aber mit englischem /w/-Phonem)

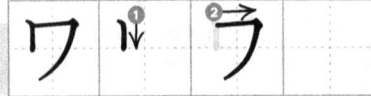

re
Wie das "RE" in dem Wort "Recht"

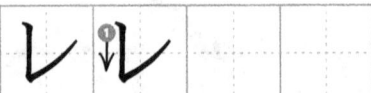

mo
Wie bei dem Wort "Moden"

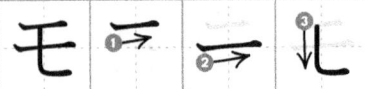

n
Ausgesprochen wie das "N"-Laut in "Essen"

ro
Wie das "RO" in "Rot" oder "Rosig"

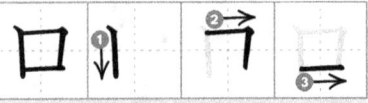

つツ　を

Lange Konsonanten　hiragana

ああ　ヲ

Lange Vokale　katakana

ぽぽ　しゃ

Dakuten / Handakuten　Kombination Kana

w	r	y	m	h	n	t	s	k	H
わ wa	ら ra	や ya	ま ma	は ha	な na	た ta	さ sa	か ka	あ a
	り ri		み mi	ひ hi	に ni	ち chi	し shi	き ki	い i
ん n	る ru	ゆ yu	む mu	ふ fu	ぬ nu	つ tsu	す su	く ku	う u
	れ re		め me	へ he	ね ne	て te	せ se	け ke	え e
を wo	ろ ro	よ yo	も mo	ほ ho	の no	と to	そ so	こ ko	お o

WO
Ausgesprochen als お
(Wie das O in "oben")

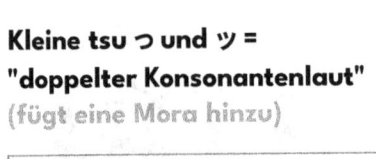

(を ist ein Partikel)

Kleine tsu っ und ッ = "doppelter Konsonantenlaut"
(fügt eine Mora hinzu)

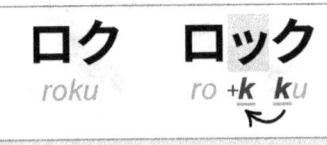

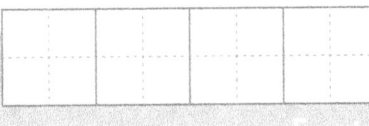

WO
Ausgesprochen als オ
(Wie das O in "oben")

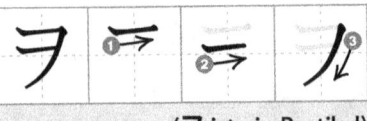

(ヲ ist ein Partikel)

Katakana + Vokaldehner

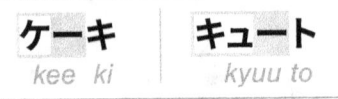

Hiragana + zusätzlicher Vokal

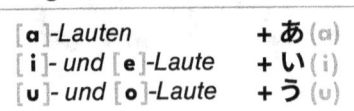

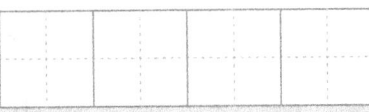

Kana, das auf '-i' endet + kleines 'y-' Kana
z.B. し/き/ち + や/ゆ/よ

Diakritische Markierungen = "Stimmhafte" Konsonanten
dakuten "   handakuten °

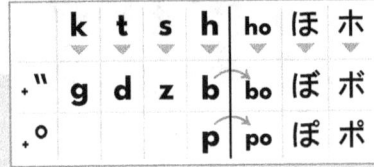

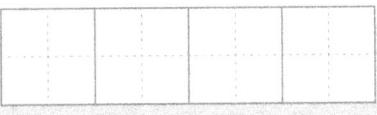

w	r	y	m	h	n	t	s	k	**K**
ワ wa	ラ ra	ヤ ya	マ ma	ハ ha	ナ na	タ ta	サ sa	カ ka	ア a	**a**
	リ ri		ミ mi	ヒ hi	ニ ni	チ chi	シ shi	キ ki	イ i	**i**
ン n	ル ru	ユ yu	ム mu	フ fu	ヌ nu	ツ tsu	ス su	ク ku	ウ u	**u**
	レ re		メ me	ヘ he	ネ ne	テ te	セ se	ケ ke	エ e	**e**
ヲ wo	ロ ro	ヨ yo	モ mo	ホ ho	ノ no	ト to	ソ so	コ ko	オ o	**o**

Antwortschlüssel – Kana

Überprüfen Sie hier Ihre Antworten auf die Kana-Revisionstests:

Seite					Seite				
029	あうい えお	au ie oi	あい あお ああ いい	ai ao aa ii	037	あい うえ お きく こけ いけ かう えき いく ここ	oi ue o kiku koke ike kau eki iku koko	あう こえ かく おけ かお あき いう あかい あおい きおく	au koe kaku oke kao aki iu akai aoi kioku
	おい うえ いう	oi ue iu	おう	ou					

Seite					Seite				
054	すし つち そと さけ こと くつ かこ てつ せき たつ	sushi tsuchi soto sake koto kutsu kako tetsu sato tatsu	とち うた かた しち さす あした とおい きせつ さとい ちかてつ	tochi uta kata shichi sasu ashita tooi kisetsu satoi chikatetsu	068	なに ほね ぬの ひふ へた はな ふね かに ひな はし	nani hone nuno hifu heta wana fune kani hina washi	きぬ ほし ひと のき にし はいく かたな せいふ いのしし へいそつ	kinu hoshi hito noki nishi waiku katana seifu inoshishi heisotsu

Seite					Seite				
080	やま ゆめ よむ もも みや こめ つゆ むし まつ うめ	yama yume yomu momo miya kome tsuyu mushi matsu ume	むね きもの さしみ ゆかた えまき みこし うきよえ せともの すきやき	mune kimono sashimi yukata emaki mikoshi ukiyoe setomono sukiyaki	093	わん てら つる これ ふろ のり はる れい しろ にほん	wan tera tsuru kore furo nori haru rei shiro nihon	さくら うちわ まつり ほたる ふとん れきし わふく りろん ひのまる さむらい	sakura uchiwa matsuri hotaru futon rekishi wafuku riron hinomaru samurai

Seite					Seite				
124	カツ アイス ケーキ アウト サーチ コート ツアー テスト シーツ	katsu aisu kēki auto sāchi kōto tsuā tesuto shītsu	コーチ ソース スキー タクシー ステーキ セーター サーカス オーケー エーカー	kōchi sōsu sukī takushī sutēki sētā sākasu ōkē ēkā	160	ヘリ メモ ヒレ ミルク カヌー ワニス ローン ナイフ フレー ノート	heri memo hire miruku kanū wanisu rōn naifu furē nōto	タイヤ カメラ ネーム ユーモア サラリー ハンマー ヨーヨー ハンカチ ユニーク ネクタイ	taiya kamera nēmu yūmoa sararī hanmā yōyō hankachi yunīku nekutai

Dankeschön!

Herzlichen Glückwunsch zu Ihren Fortschritten in der japanischen Sprache!

Vielen Dank, dass Sie dieses Buch aus der großen Auswahl an anderen Titeln ausgewählt haben. Ich hoffe, Sie haben diesen Band der Reihe *"Japanisch leicht gemacht"* als hilfreich und wertvoll empfunden. Ich bin immer bestrebt, meine Bücher mit vielen praktischen Informationen zu füllen, die leicht zu verstehen sind, und den Lesern einen ausgezeichneten Gegenwert für ihr Geld zu bieten.

Das Schreiben und Veröffentlichen von Büchern im Selbstverlag ist ein harter Prozess, aber diese Reihe ist und bleibt eine Liebesarbeit! Ich genieße jetzt auch den Prozess, meine Werke für deutschsprachige Leser zu übersetzen und zu adaptieren. Bitte verzeih mir, wenn du auf dem Weg dorthin auf problematische Grammatik oder Tippfehler gestoßen bist - *es sind meist die kleinen Details, die übersehen werden!* Lass mich wissen, wenn du Fehler gefunden hast, damit ich sie für zukünftige Leserinnen und Leser umgehend korrigieren kann - und ich danke dir im Voraus für deine Geduld und dein Verständnis.

Zu guter Letzt möchte ich Sie auch um einen Gefallen bitten ...

Es macht mich sehr glücklich, wenn Menschen Japanisch lernen, und noch mehr, wenn sie eines meiner Bücher benutzen. Es wäre wirklich hilfreich, wenn Sie sich einen Moment Zeit nehmen könnten, um eine Rezension und Ihr Feedback auf Amazon zu hinterlassen. Die harte Wahrheit ist, dass wir uns auf Rezensionen verlassen, um Kaufentscheidungen zu treffen, und Ihr positives Feedback kann einen großen Unterschied für *"die kleinen Leute"* und Autoren wie mich machen.

Es ist auch unglaublich befriedigend, von Menschen zu hören, die genauso scharf darauf sind, Fremdsprachen zu lernen wie ich! Lassen Sie mich wissen, ob ich meinen Inhalt verbessern kann und ob es etwas gibt, das Sie sich für künftige Folgebücher wünschen. Ich freue mich darauf, Ihre Meinung zu hören!

Bis zum nächsten Mal, *arigatōgozaimasu!*

ありがとうございます!!
Daniel.

DanielAkiyamaJP@gmail.com

Hiragana un Katakana leicht gemacht!

Lernen Sie Japanisch lesen, schreiben und sprechen mit Kana

Ein Handbuch für Anfänger + integriertes Arbeitsbuch

Daniel Akiyama